CHRISTINE BREIER

Blühende Beete
für jede Jahreszeit

CHRISTINE BREIER

Blühende Beete
für jede Jahreszeit

KOSMOS

Inhalt

„Wer mich ganz kennen lernen will, muss meinen Garten kennen, denn mein Garten ist mein Herz."
Hermann Fürst von Pückler-Muskau (1785–1871)

TRAUMBEETE
Richtig planen

*„Gärtnern ist ein endloses Experimentieren,
deshalb macht es Vergnügen."*
Vita Sackville-West (1882–1962)

Die Schönheit einer Pflanze, die zarten Formen und leuchtenden Farben einer einzelnen Blüte können uns verzaubern und in ungläubiges Staunen über die Wunderwerke der Natur versetzen. Bei der Beetkomposition geht es darum, diese wunderbaren Individuen mit ihren vielfältigen ästhetisch wirksamen Eigenschaften, aber auch ihren oftmals sehr unterschiedlichen Ansprüchen an Standort und Pflege zu fantasievollen und harmonischen Gartenbildern zusammenzufügen.

Erfolgsrezept für attraktive Beete

Das Geheimnis liegt nicht nur in einer stimmigen Farbkomposition und Höhenstaffelung oder dem gekonnten Spiel mit spannungsreichen Formen. Genauso wichtig sind die unterschiedlichen Ansprüche der Pflanzen an Boden, Klima und Licht.

▲ **Solange im Frühling** die Gehölze erst zaghaft ihr frisches Laub entfalten, genießen die Tulpen auf dem Inselbeet die warmen Sonnenstrahlen.

Der Boden – ein wichtiger Standortfaktor

Bevor Sie mit der Planung einer Bepflanzung beginnen, sollten Sie wissen, wie der Boden in Ihrem Garten beschaffen ist. Je besser die Bodenqualität den Bedürfnissen der Pflanzen entspricht, umso ausdauernder und schöner entwickeln sie sich. Grundlegendes Merkmal für die Qualität

eines Bodens ist die sogenannte Boden-art. Sie steht für die jeweilige Mischung unterschiedlicher Größen mineralischer Teilchen im Boden. Man unterscheidet dabei die drei Größengruppen Sand, Schluff und Ton, wobei Sand das gröbste und Ton das feinste Material ist. Das Mischungsver-hältnis dieser Teilchen im Boden bestimmt die Wasserführungs- und -speicherfähigkeit, Durchlüftung, Durchwurzelbarkeit sowie den Nährstoffhaushalt und somit die Fruchtbarkeit eines Bodens. In bestimmten Grenzen lässt sich durch gezielte Bodenverbesserungsmaßnahmen die Bodenqualität beeinflussen, um so die Palette geeigneter Pflanzen zu erweitern. Beispielsweise kann nährstoffreicher, lehmiger Boden durch Einarbeiten von viel grobem Sand und feinem Splitt „abgemagert" und anschließend mit Stauden bepflanzt werden, die nährstoffarme, durchlässige Böden bevorzugen. Grundsätzlich wird zwischen drei Bodenarten unterschieden: leichtem, mittlerem und schwerem Boden.

Humus ist das organische Material im Boden. Er ist wichtig für die Ernährung der Bodenlebewesen, reguliert den Wasser- und Nährstoffgehalt, sorgt für ein optimales Bodengefüge und ist somit ein weiterer wichtiger Faktor für die Fruchtbarkeit des Bodens. Ein ausreichend hoher Humusgehalt von 5 bis 10 Prozent sorgt für ein optimales Wachstum der Pflanzen. Zur Bestimmung des Humusgehaltes im Boden kann als Faustregel gelten: je dunkler der Boden desto höher sein Humusgehalt. Allerdings wird die Farbe auch von der jeweiligen Bodenart und der Feuchtigkeit des Bodens bestimmt. Sandböden haben bereits bei einem Humusgehalt von etwa 5 Prozent eine

dunkelbraune bis schwarze Farbe. Ton- und Lehmböden haben bei einem zu geringen Humusgehalt eine strohgelbe bis hellgraue Farbe, bei einem mittleren Humusgehalt eine mittel- bis dunkelbraune Farbe.

Der pH-Wert

Der pH-Wert kennzeichnet den Säuregehalt eines Bodens und wird oft auch als „Bodenreaktion" bezeichnet. Er hat großen Einfluss auf die Qualität und Fruchtbarkeit eines Bodens. Je niedriger der Wert, umso saurer ist ein Boden und umso geringer ist sein Kalkgehalt.

Pflanzen haben unterschiedliche Ansprüche an den pH-Wert des Bodens. Manche bevorzugen eher saure Böden mit Werten zwischen 4 und 6, wie Hortensien, Magnolien oder Rhododendren und Heidepflanzen sowie viele Schattenstauden und Farne. Andere lieben eher alkalische Böden mit hohen pH-Werten zwischen 7 und 8, wie Rosen, Sommerflieder, mediterrane Halbsträucher und Kräuter, z. B. Lavendel. Auch viele Trockenheit und Sonne liebende Stauden und Steingartenpflanzen bevorzugen Böden mit hohen pH-Werten.

Der Wert 7 steht für eine neutrale Bodenreaktion. Für ein optimales Pflanzenwachstum sind Böden mit einem pH-Wert im schwach sauren bis neutralen Bereich

Tipps zur Pflanzenwahl

▶ **Gehölze für sauren Boden**
Rot-Ahorn (*Acer rubrum*)
Besenheide (*Calluna*)
Japanischer Blumen-Hartriegel (*Cornus kousa*)
Berglorbeer (*Kalmia*)
Amberbaum (*Liquidambar styraciflua*)
Lavendelheide (*Pieris*)
Rhododendron (*Rhododendron*)

▶ **Gehölze für kalkhaltigen Boden**
Feld-Ahorn (*Acer campestre*)
Sommerflieder (*Buddleja*)
Bartblume (*Caryopteris*)
Rot-Dorn (*Crataegus laevigata* 'Paul's Scarlet')
Garteneibisch (*Hibiscus syriacus*)
Lavendel (*Lavandula*)
Blauraute (*Perovskia*)
Scheinakazie (*Robinia pseudoacacia*)
Edel-Flieder (*Syringa vulgaris*)

◂ **Die flach einfallende Morgensonne** zaubert lebendige Lichtreflexe auf das Beet. Im weiteren Tagesverlauf wird es im Schatten der Gehölze liegen.

▲ **Lavendel,** Kronen-Lichtnelke und Gewürz-Salbei sind typische Vertreter der trockenen Freiflächen (Fr 1) und bevorzugen mageren, kalkhaltigen Boden.

▶ **Rhododendren** lieben lockere, humose Böden mit einem pH-Wert zwischen 4,5 bis 5,5.

▼ **Der Chinesische Blumen-Hartriegel** entfaltet auf nicht zu trockenen, humosen, sauren bis neutralen Böden seine volle Schönheit.

am günstigsten. Um festzustellen, ob Ihr Boden eine ausgewogene Nährstoffversorgung aufweist, sollten Sie unbedingt eine Bodenprobe zur Analyse einschicken. Auch der pH-Wert wird dabei bestimmt, und Sie erhalten Empfehlungen zur Bodenverbesserung und Düngung.

Verschiedene Institute, z. B. die Landwirtschaftlichen Untersuchungs- und Forschungsanstalten (LUFA, Infos unter www.vdlufa.de) führen Bodenanalysen zu erschwinglichen Preisen durch. Beachten Sie dabei genau die Anleitungen zur Probenentnahme.

Volle Sonne und tiefer Schatten – Belichtungssituationen im Garten

Nicht nur die Lage und Ausrichtung eines Grundstücks, sondern auch vorhandene Gebäude sowie pflanzliche oder architektonische Gestaltungselemente wie Mauern, Hecken und Gehölze bestimmen die Belichtungssituation eines Beetes. Der wechselnde Sonnenstand im Tages- und Jahresverlauf sowie der Laubfall im Herbst spielen dabei eine wichtige Rolle. Intensität, Dauer und Zeitpunkt der Sonneneinstrahlung sind bedeutende Standortfaktoren, die die Pflanzenauswahl entscheidend bestimmen.

Böden verbessern

Bodentyp	Eigenschaften	Bodenverbesserung
Leichter Boden: Sand oder lehmiger Sand	▸ sehr hoher Sandanteil und nur geringe Schluff- und Tonanteile ▸ erwärmt sich schnell ▸ stets gut durchlüftet ▸ lässt Regenwasser schnell wieder abfließen ▸ leicht zu bearbeiten ▸ trocknet schnell wieder aus ▸ eher geringer Nährstoffgehalt, da die zugeführten Nährstoffe schnell ausgewaschen werden	▸ wiederholtes Einarbeiten von Lehm sowie Stein- und Tonmehl ▸ Vermehrung der organischen Substanz durch regelmäßiges Aufbringen von Kompost
Mittlerer Boden: sandiger Lehm	▸ höhere bis hohe Schluff- bzw. Tonanteile, weist jedoch eine gute Speicherung und Pflanzenverfügbarkeit von Wasser und Nährstoffen auf ▸ gut durchlüftet ▸ leicht zu bearbeiten	▸ bei Bedarf groben Sand einarbeiten ▸ Vermehrung der organischen Substanz durch regelmäßiges Aufbringen von Kompost
Schwerer Boden: toniger Lehm, Tonboden	▸ hoher bis sehr hoher Tonanteil ▸ schlechte Pflanzenverfügbarkeit von Wasser und Nährstoffen ▸ im Sommer häufig hart und rissig, im Winter dagegen nass und schmierig ▸ meist schlecht durchlüftet, verdichtet leicht ▸ nur in leicht feuchtem Zustand zu bearbeiten	▸ wiederholtes Einarbeiten von grobem Sand und Kompost ▸ Anbau von tief wurzelnden Gründüngungspflanzen sowie regelmäßige Kalkung

Tipps & Tricks

Eine grobe Einschätzung der Bodenart können Sie selbst ganz einfach mit Hilfe der Fingerprobe durchführen.

Nehmen Sie eine walnussgroße, leicht feuchte Bodenprobe. Lässt sie sich auf der Hand zu einer bleistiftdicken „Wurst" mit glatter, glänzender Oberfläche ausrollen, ist der Tonanteil sehr hoch und es handelt sich um eher lehmigen, schweren Boden. Zerfällt die Probe beim ersten Ausrollversuch, ist es ein leichter, sandiger Boden. Mittlerer Boden lässt sich gut formen, man fühlt jedoch die gröberen Sandanteile beim Ausrollen und die Rolle bricht leichter.

Schatten hat viele Gesichter. Der tiefe, trockene Schatten unter dichten Baumkronen, der bei immergrünen Laub- oder Nadelgehölzen das ganze Jahr vorhanden ist, gilt als ein Problemstandort im Garten. Auch kühler, feuchter Vollschatten an zugigen Plätzen zwischen Gebäuden ist problematisch. Dagegen sind die Nordseiten von Gebäuden, Mauern oder Hecken oft wertvolle Standorte für attraktive Schattenpflanzen.

Halbschatten bedeutet einen Wechsel zwischen schattigen und sonnigen Phasen unterschiedlicher Dauer – insgesamt scheint die Sonne hier etwa den halben Tag lang, wobei dem Zeitpunkt eine wichtige Bedeutung zukommt. So sind die milderen Sonnenstunden am Morgen und Vormittag oder am Abend für Schattenstauden günstiger als die heißen Mittags- und Nachmittagsstunden. Die Sonnenanbeter unter den Stauden lieben dagegen vor allem Hitze und intensive Sonnenstrahlen. Sie lassen auch um die Mittagszeit die Köpfe nicht hängen.

Lichter oder durchbrochener Schatten herrscht im Umfeld lockerer, transparenter Baumkronen und unter Gehölzen mit hohem Astansatz. Viele Schattenstauden tolerieren auch sonnigere Standorte, wenn diese eine höhere Boden- und Luftfeuchtigkeit aufweisen und windgeschützt sind.

Absonnige Bereiche sind, vor allem in den heißen Mittagsstunden, keiner direkten Sonneneinstrahlung ausgesetzt, trotzdem ist es hier die meiste Zeit des Tages hell mit einer hohen Lichtintensität.

Sonnig sind Gartenbereiche, in denen die Sonne deutlich mehr als den halben Tag scheint, also immer auch in den Mittagsstunden. An vollsonnigen Standorten scheint die Sonne ungehindert den ganzen Tag über.

Die Lebensbereiche der Stauden

Die Einteilung nach den verschiedenen Lebensbereichen, die den Bedingungen am Naturstandort entsprechen, ist eine wichtige Orientierungshilfe bei der Auswahl geeigneter Stauden für die unterschiedlichen Standorte im Garten.

▼ **Typische Gehölzrand-situation (GR):** Attraktive Schattenstauden – Funkien, Purpurglöckchen und Farne – vor einem gelbbunten Eschen-Ahorn.

Lebensbereiche von Stauden, die wir in unterschiedlichen Ausprägungen häufig in unseren Gärten antreffen sind Gehölz (G) und Gehölzrand (GR), Freifläche (Fr), Beet (B) sowie Steinanlage (ST). Jeder dieser Lebensbereiche kann einen unterschiedlichen Grad der Bodenfeuchtigkeit aufweisen und wird daher nochmals in die drei Feuchtigkeitsgruppen trocken (1), frisch (2) oder feucht (3) unterteilt.

Am Teich sind die Lebensbereiche Wasserrand (WR) mit Sumpfzone (1) und Röhrichtzone (2) sowie Wasser (W) mit vier unterschiedlichen Wassertiefezonen definiert. Nach dieser Klassifizierung sind üblicherweise auch die Stauden, die im Handel angeboten werden, gekennzeichnet und sortiert, was die Auswahl erheblich erleichtert.

Die Übergänge zwischen den einzelnen Lebensbereichen sind oft fließend und viele Stauden sind erstaunlich anpassungsfähig. Manche gedeihen als unkomplizierte „Allrounder" auch in ganz unterschiedlichen Lebensbereichen, andere verzeihen Fehler bei der Standortwahl nicht. Für jeden Lebensbereich gibt es unkomplizierte Vertreter, aber leider auch Vagabunden oder anspruchsvolle Diven, die gehegt und gepflegt werden wollen.

Lebensbereich Gehölz

Die Stauden dieses Lebensbereiches im unmittelbaren Einflussbereich von Bäumen und Sträuchern (G) sind extrem schattenverträglich und bevorzugen einen humosen, lockeren, neutralen bis leicht sauren Humusboden, der sich über Jahre aus dem abgefallenen Laub der Gehölze gebildet hat. Fast das ganze Jahr über ist es hier schattig oder halbschattig, häufig ohne direkte Sonneneinstrahlung. Nur im Frühling, vor dem Laubaustrieb der

Gehölze, erreichen die Sonnenstrahlen den Boden – ideale Bedingungen für die vielen Vorfrühlings- und Frühlingsblüher. Doch auch zahlreiche attraktive Blüten- und Blattschmuckstauden kommen mit solch schwierigen Standortbedingungen gut zurecht, wie Lungenkraut, Waldsteinie oder Wurmfarn.

Gehölzrand

Der Lebensbereich Gehölzrand (GR) ist eng mit dem Lebensbereich Gehölz verknüpft, bildet gleichzeitig aber auch einen Übergangsbereich zur Freifläche (Fr). Bäume und Sträucher bestimmen das Bild und bilden den Rahmen für Staudenpflanzungen. Je nach Ausrichtung ergeben sich im Garten sonnige, halbschattige oder absonnige Gehölzrandsituationen. Auch die Bodenverhältnisse können extrem unterschiedlich sein. Eine Vielzahl attraktiver Staudenarten, die wechselnde Lichtverhältnisse, leichten Wurzeldruck und den Laubfall von Gehölzen tolerieren, steht für diesen Lebensbereich zur Auswahl bereit. Typische Vertreter für halbschattige, nicht zu trockene Gehölzrandsituationen sind Funkien, Silberkerzen oder Sterndolden. Am sonnigen, trockenen Gehölzrand überzeugen dagegen Blut-Storchschnabel, Fingerhut oder Purpurglöckchen.

Lebensraum Freifläche

Die Stauden dieses Lebensbereiches (Fr) bevorzugen offene Standorte ohne Konkurrenz durch größere Gehölzgruppen, die sie durch Wurzeldruck und Schatten bedrängen könnten. Lediglich einzelne Solitärgehölze werden toleriert, die als spannungsreiches Gestaltungselement durchaus integriert werden sollten. Es können sehr unterschiedliche Bodenverhältnisse vorherrschen, von extrem durchlässigem, trockenem und nährstoffarmem Boden bis zu sehr feuchtem, lehmhaltigem Boden mit hohem Nährstoffgehalt.

Stauden der trockenen Freifläche (Fr 1–2) lieben vollsonnige Standorte und gut drainierte, durchlässige Böden, die nicht zu nährstoffreich sein dürfen. Schwere Lehm- oder Tonböden, auf dem das Wasser schlecht versickert, sind nicht geeignet, da sie nur durch einen unangemessen hohen Aufwand an die Bedürfnisse der Stauden dieses Lebensbereiches angepasst werden könnten. Auf trockenen Freiflächen fühlen sich neben mediterranen Kräutern und Halbsträuchern, wie Lavendel, Salbei oder Blauraute, Sonne und Trockenheit liebende Stauden und Zwiebelpflanzen, wie Brandkraut, Spornblume oder Zier-Lauch wohl. Ein typisches Erkennungsmerkmal dieser Pflanzengruppe ist ihr oft graues oder

◄ **Indianernessel** und Wiesen-Ehrenpreis sind anspruchsvolle Beetstauden und bevorzugen nährstoffreiche, frische bis feuchte Beetstandorte (B).

► **Prachtscharte, Purpur-Sonnenhut und Goldrute** sind typische Präriestauden. Sie lieben nährstoffreiche, nicht zu trockene Beetstandorte (B) mit lehmigen Böden.

silbriges, teilweise samtig behaartes Laub, das zur Verringerung der Verdunstung beiträgt.

Stauden der frischen bis feuchten Freiflächen (Fr 2–3) lieben sonnige Standorte und tiefgründige, sandig-lehmige Böden mit hohem Nährstoffgehalt und gutem Wasserhaltevermögen. Bei sehr schweren, tonigen Böden sollte die Bodenstruktur vor der Pflanzung durch Umgraben und Einarbeiten von reichlich grobem Sand und Kompost verbessert werden. Sandige, leichte Böden, die schnell austrocknen, sind für diesen Bepflanzungstyp nicht geeignet.

Typische Standorte sind feuchte Mulden und Senken sowie Gartenbereiche mit hohem Grundwasserstand in Sonne bis Halbschatten. Hier gedeihen eindrucksvolle Blattschmuckstauden, wie Kreuzkraut und Schildblatt, aber auch viele Feuchtwiesen-Stauden, z. B. Wiesen-Storchschnabel besonders gut. Auch typische Uferrandstauden, wie der mächtige Wasserdost, Sumpf-Schwertlilie oder Blut-Weiderich sowie die

aus den nordamerikanischen Prärien stammenden, teilweise etwas anspruchsvolleren Stauden wie Indianernessel, Sonnenhut oder Raublatt-Astern fühlen sich hier wohl.

Steinanlagen

Die Stauden dieses speziellen Lebensbereiches (St), benötigen für eine optimale Entwicklung den direkten Kontakt zu Steinen, Kies oder Schotter. Dabei kann es sich, entsprechend den Untergruppen Felssteppen (FS), Steinfugen (SF) und Mauerkronen (MK), sowohl um architektonische Gestaltungselemente wie Mauern, Wege und Treppen als auch um Kies- und Schotterflächen, Felsplatten oder natürliche Gesteinsbrocken handeln. Es gibt sowohl Stauden für schattige als auch für sonnige Steingartenanlagen. Der Stein schützt die Polster- und Teppichstauden vor schädlicher Nässe und bietet je nach Ausrichtung kühle, schattige oder heiße, sonnige Standortbedingungen. Typische Steingartenpflanzen für Mauerkronen sind die im

▼ **Am Teich** verbinden sich der Lebensbereich der feuchten Freifläche, Wasserrand mit Röhricht und Sumpfzone sowie der Lebensbereich Wasser zu einem vielfältigen Lebensraum für Pflanzen und Tiere.

Frühling in intensiven Farben blühenden Polsterstauden wie Blaukissen, Teppich-Phlox oder Steinkraut. Andere Arten wie Fetthenne, Hauswurz oder Teppich-Seifenkraut fühlen sich in Steinfugen besonders wohl. Auch viele Arten des Lebensbereiches Trockene Freifläche (Fr 1–2) sind im Steingarten gut aufgehoben. Für schattige Lagen steht ebenfalls eine große Pflanzenpalette zur Auswahl, z. B. Moos-Steinbrech oder Karpaten-Glockenblume.

Lebensbereiche Wasserrand und Wasser

Der Lebensbereich Wasserrand (WR) gliedert sich in zwei Zonen. In der unmittelbar an die Wasserfläche anschließenden, stets feuchten, häufig auch überfluteten Röhrichtzone (WR 2) gedeihen Stauden, die einen ständigen, niedrigen Wasserstand tolerieren, wie Zwerg-Binse, Hechtkraut oder Sumpf-Iris. In der wechselfeuchten, teilweise auch abtrocknenden Sumpfzone (WR1) fühlen sich beispielsweise Sumpfdotterblume, Gauklerblume oder das Sumpf-Vergissmeinnicht wohl.

Die Bepflanzung des Lebensbereiches Wasser (W) richtet sich nach der Wassertiefe. In der 20 bis 40 cm tiefen Flachwasserzone stehen die Triebe der Wasserstauden überwiegend oberhalb des Wasserspiegels. Blumenbinse, Froschlöffel oder Wasserfeder sind attraktive Vertreter dieses Lebensbereiches. Die Tiefwasser- oder Seerosenzone beginnt ab einer Wassertiefe von etwa 70 cm und bietet Seerosen, Teichrosen und Unterwasserpflanzen wie dem Laichkraut einen passenden Lebensraum.

Beet

Der Lebensbereich Beet (B) bietet den anspruchsvolleren, in farbenprächtigen und großblütigen Sorten gezüchteten Pracht- oder Beetstauden einen passenden Lebensraum und gilt als typischer Garten-

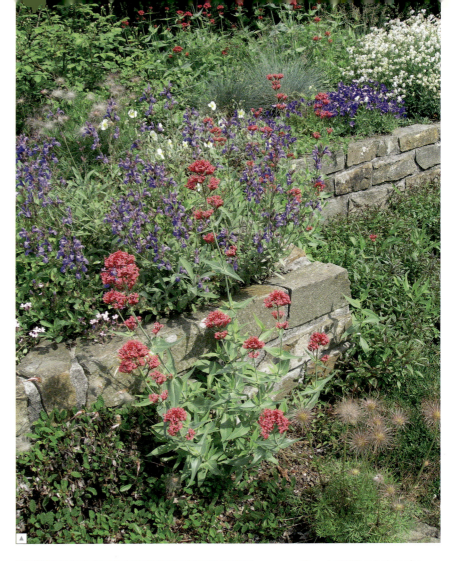

▲ **Der vielfältige Lebensbereich Steinanlagen** kann auch wie in diesem Beispiel architektonisch gestaltet sein.

▼ **Steppen-Salbei,** Katzenminze und Zierlauch bevorzugen vollsonnige, trockene Freiflächen (Fr 1–2), tolerieren aber auch nicht zu feuchte Beete (B).

standort. Hier fühlen sich beispielsweise Pfingstrosen, Taglilien oder Rittersporn besonders wohl. Sie lieben einen offenen, tiefgründigen und dabei lockeren, gut mit Nährstoffen versorgten Boden, der nicht zu schnell austrocknen sollte. Viele Beetstauden bevorzugen sonnige Standorte, doch auch Schatten liebende Stauden aus dem Lebensbereich Gehölzrand (GR) wie Funkien, Prachtspieren oder Herbst-Anemonen finden hier optimale Bedingungen.

Pflegeleichte Beete

Damit sich Stauden und Gehölze optimal entwickeln können, kombiniert man sie entsprechend ihres Wuchsverhaltens im Lauf der Jahreszeiten, ihrer Konkurrenzkraft und ihrer Wuchsform in passender Anzahl und geeigneten Pflanzabständen auf den Beeten.

Anzahl und Anordnung der ausgewählten Staudenarten und -sorten bestimmen Charakter und Farbwirkung einer Bepflanzung. Stauden können in bunter Mischung wie eine feine Stickerei verwoben werden, sich in lang gezogenen schmalen Streifen, sogenannten Drifts, durchs Beet ziehen oder in klar umrissenen, größeren Farbengruppen auftreten.

Pflanzabstände

Die Wüchsigkeit und damit die optische Erscheinung der Pflanzen hängen auch stark von den jeweiligen Standortbedingungen ab. Am optimalen Platz entwickeln sich Stauden innerhalb von zwei bis drei Jahren zu ihrer vollen Pracht, am unpassenden Standort kümmern sie dagegen und nehmen nur einen Bruchteil der sonst üblichen Beetfläche in Anspruch oder werden von benachbarten Pflanzen erdrückt. Stauden dürfen keinesfalls zu dicht gepflanzt werden. Zwar erhält man durch geringe Pflanzabstände schnell eine geschlossene Vegetationsdecke, die Pflanzen entwickeln sich jedoch aufgrund des stärkeren Konkurrenzdrucks auf Dauer nicht optimal. Pflanzt man sie zu weit auseinander, bleiben Beetflächen dauerhaft frei, die immer wieder schnell von Unkraut bewachsen werden und einen erhöhten Pflegeaufwand verursachen. Meist wirkt eine Staudenpflanzung auch am schönsten, wenn die Beetflächen vollständig oder zum großen Teil durch die Pflanzen bedeckt sind.

Als Faustregel können, je nach Ausbreitungsfreudigkeit und Größe der jeweiligen Staude im voll entwickelten Zustand, Abstände zwischen 30 bis 40 cm gelten. Auf den Quadratmeter sollten durchschnittlich nicht mehr als fünf bis sieben Pflanzen gesetzt werden. Bei Stauden, die durch üppiges Laub viel Platz beanspruchen, beispielsweise Schaublatt, großlaubige Funkien-Arten sowie mächtige Gräser wie das Chinaschilf oder Stauden mit hohem Ausbreitungsdrang, verringert sich die Anzahl auf ein bis zwei Pflanzen pro Quadratmeter.

Stauden in Gruppen pflanzen

Hohe, dominierende Stauden und Gräser mit markantem Habitus, üppiger Blütenfülle oder ausdrucksstarken Blütenständen und Blattformen wie Rittersporn (*Delphinium*), Flammenblume (*Phlox paniculata*), Reitgras (*Calamagrostis*) oder Taglilien (*Hemerocallis*), die die Wirkung eines Beetes entscheidend bestimmen, werden auch als Leitstauden bezeichnet. Sie wirken einzeln oder in kleineren Gruppen am besten.

Rhythmisch über das Beet verteilt, bilden Sie sozusagen den roten Faden und halten die Pflanzung optisch zusammen. Die niedrigeren Begleiter und Füllstauden wie Storchschnabel (*Geranium*), Kissen-Astern (*Aster dumosus*) oder Schafgarbe (*Achillea*) kommen oft erst in Gruppen von mindestens drei bis fünf Pflanzen optimal zur Geltung. Niedrige Bodendecker und sehr kleine, zierliche Polsterstauden werden, je nach Ausbreitungsfreudigkeit, in größeren Gruppen von fünf bis elf Stück einer Sorte gesetzt. Stauden, die nach der Blüte unansehnlich werden, wie Tränendes Herz (*Dicentra spectabilis*) oder Türkischer Mohn (*Papaver orientale*) sollten dagegen nicht in größeren Gruppen gepflanzt werden.

Unter den Gehölzen gibt es Vertreter mit herrlichen Wuchsformen, die in Einzelstellung mit einer Unterpflanzung aus niedrigen Stauden am schönsten wirken, z. B. Etagen-Schneeball (*Viburnum plicatum* 'Mariesii'), Perückenstrauch (*Cotinus*) oder Fächer-Ahorn (*Acer palmatum*). Sie werden daher als Solitär-Gehölze bezeichnet. Andere kommen in kleinen Gruppen oder flächig gepflanzt optimal zur Geltung wie Kupfer-Birke (*Betula albosinensis*), Japanische Spieren (*Spiraea japonica*) oder Fingerstrauch (*Potentilla*).

Ausdauernde Stauden standortgerecht verwenden

Nutzen Sie die vielfältige Palette pflegeleichter, langlebiger Dauerblüher, die es für jeden Lebensbereich gibt. Sie überzeugen nicht nur durch ihre Ausdauer und oft lange Blütezeiten, sondern auch durch Standfestigkeit, sowie attraktives Laub vor und nach der Blüte. Am passenden Standort erfreuen uns diese dankbaren, pflegeleichten Gartenschätze oft über Jahrzehnte mit üppiger Blüte und bescheidenen Pflegeansprüchen. Sie müssen nicht, wie andere anspruchsvolle Vertreter, alle paar

▲ **Der Hohe Rittersporn** ist eine der attraktivsten und beliebtesten Stauden auf frühsommerlichen Beeten und eine ausgezeichnet Leitstaude.

▶ **Größere Gruppen** einer Staudensorte bringen Ruhe ins Beet.

▼ **Bereits ein Exemplar** des dekorativen Purpur-Greiskrautes entwickelt riesige Blatthorste, die viel Beetfläche beanspruchen.

Jahre aufgenommen, geteilt und verpflanzt werden und machen uns nicht durch heikles Benehmen das Gartenleben schwer.

Durch den Garten streifende Vagabunden und Wucherer meiden

Manche Stauden sind kurzlebig, verbreiten sich dafür aber teilweise extrem durch Selbstaussaat und erscheinen bald an allen möglichen Plätzen im Garten, nur nicht dort, wo sie eigentlich wachsen sollen. Im Naturgarten oft herzlich willkommen, können sie woanders mitunter zur richtigen Gartenplage werden, denn es erfordert einen hohen Zeitaufwand, sie zwischen anderen Stauden und Rosen, aus Fugen oder Kiesflächen wieder zu entfernen. Hier hilft nur sofortiger Rückschnitt nach der Blüte oder regelmäßiges Entfernen der aufkommenden Sämlinge.

Wucherer sind genauso unangenehm, denn sie breiten sich an zusagenden Standorten über Wurzelausläufer großflächig aus und bedrängen ihre Nachbarn.

Sie müssen jedes Jahr in ihre Grenzen verwiesen werden, indem man sie mit dem Spaten absticht. Daher haben sie auf pflegeleichten Beeten ebenfalls nichts zu suchen. Oft entscheidet bei den Vagabunden und Wucherern die richtige Sortenwahl über Wohl und Weh, denn es gibt Sorten einer Art, die wuchern, und andere, die brav an ihrem Platz bleiben.

Clevere Gehölzwahl

Ziergehölze dürfen natürlich auch im pflegeleichten Garten nicht fehlen. Die wichtigste Grundregel: Wählen Sie die Bäume und Sträucher nach ihrer Größen im ausgewachsenen Zustand aus, die in einem passenden Verhältnis zur Gartengröße stehen sollten. Hierdurch vermeiden Sie anstrengende, aufwendige Schnittmaßnahmen. Viele Blütengehölze gibt es mittlerweile als Zwergformen, die auch für sehr kleine Gärten geeignet sind. Während Solitär-Gehölze wie Magnolie oder Zaubernuss mit ihrem natürlichen Habitus am

▼ **Die Goldgarbe 'Coronation Gold'**, hier in Kombination mit Indianernessel und Steppen-Salbei, ist ein anspruchsloser und langlebige Dauerblüher.

◄ **Astilben** sind auf schattigen bis halbschattigen, nicht zu trockenen Beeten ausdauernd und pflegeleicht.

► **Taglilien** sind pflegeleichte Gartenschätze.

Tipps zur Pflanzenwahl

► **Zwerg-Blütengehölze für sehr kleine Gärten**

Zwerg-Forsythie (*Forsythia intermedia* 'Melée d'Or')

Falscher Jasmin (*Philadelphus coronarius* 'Silberregen', 'Snowgoose')

Kleine rotblättrige Fasanenspiere (*Physocarpus opulifolius* 'Summer Wine')

Amethystbeere (*Symphoricarpos doorenbosii* 'Magic Berry')

Chinesischer Zwerg-Flieder (*Syringa meyeri* 'Palibin')

Weigelie (*Weigela florida* 'Monet', 'Minor Black')

Gehölze mit säulenförmigem Wuchs

► **Säulen-Rotbuche** (*Fagus sylvatica* 'Dawyck Gold')

Stechpalme (*Ilex meserveae* 'Heckenpracht')

Säulen-Wacholder (*Juniperus scopulorum* 'Blue Arrow')

Kirschlorbeer (*Prunus laurocerasus* 'Genolier')

Säulen-Eibe (*Taxus baccata* 'Fastigiata Robusta')

Lebensbaum (*Thuja occidentalis* 'Columna')

► **Gehölze mit kegelförmigem Wuchs**

Wacholder (*Juniperus communis* 'Meyer')

Zuckerhut-Fichte (*Picea glauca* 'Conica')

Kegel-Eibe (*Taxus baccata* 'Overeynderi')

► **Gehölze mit kugelförmigem Wuchs**

Berberitze (*Berberis thunbergii* 'Kobold', 'Fireball', 'Atropurpurea Nana')

Blaue Zwergzypresse (*Chamaecyparis lawsoniana* 'Minima Glauca')

Flügel-Spindelbaum (*Euonymus alatus* 'Compactus')

Japanische Hülse (*Ilex crenata* 'Green Lustre')

Berg-Kiefer (*Pinus mugo* 'Gnom', 'Mini Mops')

Lebensbaum (*Thuja occidentalis* 'Danica')

besten wirken und daher nicht beschnitten werden sollten, benötigen viele andere Blütengehölze wie Weigelien oder Forsythie alle paar Jahre einen Verjüngungsschnitt, um ihre volle Blütenpracht zu entfalten. Unter den Gehölzen gibt es ebenfalls einige wuchernde Plagegeister, die an zusagenden Standorten mit weit streichenden Wurzelausläufern durch Beete und Rasen ziehen. Bei den Bäumen sind es attraktive Vertreter wie der Essigbaum (*Rhus typhina*), der uns mit seiner spektakulären Herbstfärbung für sein ungezogenes Benehmen versöhnen möchte. Auch der schnellwüchsige Götterbaum (*Ailanthus*) bildet gerne im weiten Umfeld Wurzelausläufer und hebt dabei gnadenlos Pflaster und Plattenbeläge. Einige Sträucher breiten sich schnell dickichtartig aus. Zu ihnen gehören attraktive Blüher wie Zimt-Himbeere (*Rubus odoratus*), Ranunkelstrauch (*Kerria japonica*) oder Bibernell-Rose (*Rosa pimpinellifolia*). Auf trockenen, sandigen Böden können

Blauraute (*Perovskia*) oder Silber-Ölweide (*Elaeagnus commutata*) lästig werden.

Buchskugeln, Eibenkegel und Co. sind zwar attraktive, wirkungsvolle Gestaltungselemente, nicht zu unterschätzen ist jedoch der Arbeits- und Zeitaufwand, der durch den regelmäßig notwendigen Schnitt entsteht. Gartenfaulpelze, die sich formale Pflanzenobjekte im Garten wünschen, sollten daher klein bleibende Gehölze mit natürlichem formalem Wuchs verwenden.

Laubgehölze fordern regelmäßige Arbeitseinsätze im Herbst, wenn sie frei im Rasen, am Teich oder neben Wegen und Plätzen stehen, denn das fallende Laub muss entfernt werden. Stehen Bäume und Sträucher dagegen im Beet, kann das Laub zur Verbesserung der Bodenqualität vor Ort verrotten, vorausgesetzt, es wurden zur Unterpflanzung Stauden aus den Lebensbereichen Gehölz oder Gehölzrand verwendet.

Beetvielfalt

Beete sind die Leinwand des Gärtners, auf der er mit einer Palette aus Stauden, Zwiebelpflanzen und Gehölzen stimmungsvolle Pflanzenbilder in den Garten malt. Sie sollten sich in Stil, Form und Farbe harmonisch in das Gestaltungskonzept einfügen.

▲ **Inselbeete** strukturieren die weite Rasenfläche und schaffen eine spannungsvolle Raumwirkung mit romantischem Flair.

Beetformen

Nicht nur im Hinblick auf ihre äußere Form, sondern auch auf die Funktion, die sie innerhalb des Gesamtkonzeptes übernehmen, bieten Beete vielfältige Variationsmöglichkeiten. Als streifenförmige Rabatte in unterschiedlichen Breiten begleiten sie Wege, rahmen Sitzplätze und Terrassen ein oder bilden einen attraktiven Vordergrund für formal geschnittene Gartenhecken, Mauern, Hauswände oder Zäune. In Schwüngen und organischen Formen legen

sie sich um oder vor einzelne Gehölze, Gehölzgruppen, Sitzplätze oder Teiche und schwingen dabei locker in angrenzende Rasenflächen aus. Dabei sorgen sie für Sichtschutz, wo er gewünscht ist, gliedern den Garten in unterschiedliche Räume, wodurch er spannungsvoller und größer wirkt. Inselbeete mit geometrischen oder organischen Grundformen liegen frei wie eine Insel im Rasen oder in einer Fläche aus Kies oder Natursteinpflaster. Einzeln setzen sie einen markanten Blickpunkt, in Gruppen angeordnet können sie eine Fläche räumlich spannungsvoll strukturieren. Die Intensität der Raumwirkung wird bestimmt durch Höhe und Dichte der gewählten Bepflanzung.

Jahreszeitenbeete – konzentrierte Blütenpracht im Jahreslauf

Ein Beet, das zu jeder Jahreszeit üppig blüht, ist der Traum jedes Gartenbesitzers. In der Realität lässt sich dieser Wunsch jedoch kaum umsetzen. Es wird immer wieder Phasen und Beetbereiche geben, wo gerade nichts blüht. Alternativ können einzelne Beete oder Gartenräume einem jahreszeitlichen Thema gewidmet werden, wodurch sich zwar zeitlich begrenzte, dafür jedoch intensive Blütenbilder ergeben, die den Garten und das Gartenjahr überaus abwechslungsreich gestalten.

Für viele Gartenbesitzer ist der Frühling die schönste Jahreszeit. Die Freude über jede einzelne zarte Frühlingsblüte ist groß. Wie verlockend ist es da, wenn es Gartenbereiche gibt, in denen der Frühling sich über viele Wochen in konzentrierter Fülle von seiner schönsten Seiten zeigen kann. Anschließend bilden diese Beete oder Gartenzimmer mit attraktiven, spät austreibenden Blattschmuckstauden oder erst spät im Jahr blühenden Herbststauden einen ruhigen Gegenpol zu der üppigen Blütenfülle des Sommers.

Beete in sehr kleinen Gärten, vor einer Terrasse oder am Hauseingang, die immer im Blick sind, sollten zu jeder Jahreszeit einen attraktiven Blühaspekt bieten. Strukturbildner wie Formgehölze, immergrüne Blattschmuckstauden oder „Vierjahreszeiten-Gehölze", die mit attraktiven Blüten, leuchtenden Früchten und schöner Laubfärbung das ganze Jahr über erfreuen, können hier den Rahmen für die jahreszeitlich und räumlich wechselnden Blütenauftritte von Stauden und Zwiebelpflanzen bilden.

Beetgestaltung nach Themen

Ob Duftbeet, blaue Prachtstaudenrabatte oder mediterranes Inselbeet – die Bepflanzungsplanung nach Themen ist eine große Hilfe bei der Beetgestaltung und gibt uns eine klare Richtung für die Auswahl der Pflanzen vor. Natürlich können auch die jeweils vorherrschenden Standortbedingun-

gen das Beetthema vorgeben. So können, entsprechend den Lebensbereichen der Stauden, vor Gehölzen und unter Bäumen strukturreiche Schattenbeete aus Blattschmuckstauden entstehen. Auf freien, sonnigen Beeten stehen dagegen, gehegt und gepflegt, in bunter Pracht anspruchsvollere Prachtstauden. Für Kiesbeete oder sonnige Steingartenbeete stehen Pflanzen der trockenen Freiflächen und Steinanlagen zur Auswahl und prägen mit ihren charakteristischen Blattformen und -farben das Bild.

Staudenbeete bieten aufgrund ihrer starken Eigendynamik und dem jedes Jahr aufs Neue ablaufenden Zyklus vom Werden, Sein und Vergehen eine hohe Erlebnisqualität. Dagegen wirken Beete, auf denen immergrüne Gehölze und Stauden dominieren, eher statisch architektonisch. Dafür geben sie dem Garten aber auch im Winter Struktur und Farbe.

▲ **Liebevoll** angelegtes Gemüse- und Kräuterbeet

▶ **Im Naturgarten** tummeln sich die Pflanzen in bunter Mischung auf den Beeten, wie es ihnen gefällt.

▼ **Buchshecken** bilden den formalen Beetrahmen, in dem sich Rosen und Stauden als lebendiges Gemälde präsentieren.

◀ **Der schmale Gartenweg** rahmt ein prächtiges Staudenbeet und fügt sich so harmonisch in den Garten ein.

Die Kunst der Pflanzenkombination

Pflanzen besitzen vielfältige Eigenschaften, die unsere Sinne ansprechen.
Farbe und Form von Blüten und Blättern, Duft, Wuchs und Höhe sowie der Wandel
im Lauf der Jahreszeiten spielen bei der Beetkomposition eine Rolle.

Ganz gleich, ob es sich um eine reduzierte moderne Bepflanzung, ein romantisches Cottage-Beet oder eine bunte Flächenpflanzung handelt – Harmonie, Kontrast, Rhythmus und Wiederholung sind wichtige Gestaltungsprinzipien. Kontraste in Wuchsform, Farbe und Kontur bringen Spannung ins Beet, während Kombinationen aus Pflanzen, die sich ähneln, eher Ruhe und Harmonie vermitteln. Der Rhythmus steht für eine Wiederholung bestimmter Gestaltungseinheiten innerhalb der Staudenpflanzung in Form von einzelnen Pflanzen, großen und kleinen Gruppen, Bändern oder ganzen Beetabschnitten und sorgt so für die notwendige Struktur und den inneren Zusammenhalt eines Beetes. Zugleich kommt Bewegung in die Pflanzung, wodurch sie abwechslungsreich erscheint und das Auge des Betrachters fesselt.

Wuchsformen

Die vielfältigen Wuchsformen von Stauden, Gräsern und Gehölzen geben in der Kombination dem Beet sein charakteristisches Gesicht und sind daher neben dem Spiel mit Farben, Strukturen und Konturen ein wichtiges Gestaltungsmittel. Während Gehölze eher eine statische Komponente darstellen, sorgen Stauden und Gräser durch ihre sich im Jahreslauf ständig wandelnde Gestalt für Dynamik. Anzahl, Vielfalt und Anordnung der Pflanzen mit gleichen oder unterschiedlichen Wuchsformen und Höhen bestimmen dabei die Raumwirkung und Spannung eines Beetes. Pflanzen mit einer vertikalen Wuchsform setzen einzeln angeordnet Ausrufezeichen ins Beet.

Pflanzen mit gedrungenem, kugeligem oder kuppelförmigem Wuchs wirken statisch und strahlen Ruhe aus. Sie bilden in einer bunten Staudenpflanzung den nötigen Ruhepol und geben dem Beet eine innere Struktur und Festigkeit. Formale Buchskugeln sind das beste Beispiel. Ziehen sich Pflanzen mit klar umrissenen oder markanten Wuchsformen in lockerem oder

regelmäßigem Abstand durchs Beet, halten sie die Pflanzung optisch wie ein Band zusammen. Dies ist besonders bei größeren Beeten sehr wirkungsvoll.

Pflanzen mit malerisch überhängendem Wuchs wirken lebendig und bringen Romantik ins Beet. Sie benötigen dafür jedoch ausreichend Platz. Im Beetvordergrund oder in Kombination mit teppichartigen oder flachkugelig wachsenden Stauden kommt ihre Wuchsform besonders gut zur Geltung. Einzelne vertikale Strukturen in der Nachbarschaft sorgen für Spannung.

Pflanzen mit breit ausladendem oder schirmartigem Wuchs wirken raumgreifend und lenken den Blick von sich weg. Andere ausdrucksstarke Pflanzengestalten mit klaren, statischen Formen als Nachbar, wie Kugeln oder Säulen, setzen hier einen wirkungsvollen Gegenpol.

Nicht immer ist die Wuchsform so klar umrissen. Laub, Stängel und Blütenstände können auch wie feine, ungerichtete Schleier oder Gitternetze ausgebildet sein. Sie bringen einen malerischen Charme ins Beet, besonders im Zusammenspiel mit klaren Formen, die dann wie von einem transparenten Schleier umhüllt wirken. Pflanzen, die keine ausgeprägte, markante Wuchsform aufweisen, wirken meist in größeren Gruppen oder als Füllpflanze in Kombination mit formalen Wuchsformen am besten.

Höhen strukturieren

Eine stimmige Höhenstrukturierung ist nicht nur für Raumwirkung und Ästhetik, sondern auch im Hinblick auf die Standortansprüche und Konkurrenzkraft der Pflanzen von großer Bedeutung: Die Stauden müssen in Bezug auf ihre jahreszeitliche Höhenentwicklung so kombiniert werden, dass ihre Blüten voll zur Geltung kommen können und nicht durch höher wachsende Stauden verdeckt und beschattet werden.

Bei der klassischen, pultförmigen Höhenstaffelung sind die niedrigsten Pflanzen im Beetvordergrund und die höchsten im Hintergrund angeordnet. Diese Höhenstruktur ist für Beete vor Mauern oder formal geschnittenen Hecken geeignet. Beete, die von allen Seiten erlebbar sind, wirken je nach Form und Gartensituation mit einer kegelförmigen oder pyramidalen Höhenstruktur am besten. Die Staffelung sollte jedoch nicht zu streng ausfallen. Einzelne hohe Stauden in den Vordergrund des Beetes gerückt oder niedrige Stauden mit kissenförmigem Wuchs, die sich flächig zur Mitte des Beetes ziehen, sorgen für lebhafte Abwechslung. Je tiefer das Beet, umso wirkungsvoller ist das Spiel mit den Höhen. Den Eindruck eines fein gewebten Blütenteppichs erzielt man dagegen mit einer einheitlichen Höhenstruktur, bei der alle Blüten bunt gemischt auf einer Ebene liegen.

◄ **Die üppigen, rundlichen Blütenkissen** von Storchschnabel und Frauenmantel rahmen den Sitzplatz ein und bilden einen harmonischen Übergang zum Rasen.

▲ **Eine niedrige,** teppichartige Bepflanzung aus Storchschnabel und Gelbem Dost.

► **Die horizontale Wuchsform** des Etagen-Schneeballs im Beethintergrund wiederholt sich vorne im abknickenden, schilfartigen Laub der Dreimasterblume.

▼ **Buchskugeln** sind die Ruhepole in dieser lebendigen Bepflanzung. Säulen-Eiben und Fingerhut setzen spannungsvolle, vertikale Akzente. Die Blütenbälle des Zier-Lauchs korrespondieren mit den Buchskugeln.

◄ **Die weißen Blütenkerzen**
des Riesen-Ehrenpreises bilden
in Form und Farbe einen kontrastreichen Hintergrund zu den
runden, karminrosa Korbblüten
des Purpur-Sonnenhutes.

▲ **Eine ausdrucksstarke
Kombination** unterschiedlicher
Blattformen und -farben

▼ **Die herzförmigen Blätter** der
Funkie stehen im Kontrast zur
feinen Laubstruktur der Buchshecke. Ihre Form wiederholt
sich in den weißen Hochblättern
des Blumen-Hartriegels.

Mit Blütenformen gestalten

Erst durch ein spannungsvolles Zusammenspiel von Form und Farbe entstehen
ausdrucksstarke Beetkompositionen.
Starke Formenkontraste bilden wahre
Eyecatcher im Beet, Kombinationen ähnlicher Formen können schnell langweilig
und ausdruckslos wirken, wenn nicht ein
stimmungsvolles Spiel mit den Farben für
Attraktivität sorgt. Beete in einer Farbe
werden erst zum richtigen Hingucker,
wenn kontrastreiche Formen von Blättern
und Blütenständen für die notwendige Abwechslung sorgen. Harmonie in der Farbe

und starke Kontraste in den Formen ergänzen sich hierbei und befriedigen unser
ästhetisches Empfinden. Formen wirken
auch dann noch, wenn die Blütenfarben
längst verblasst sind. Selbst im Winter bilden die Umrisse, Formen und Strukturen
der inzwischen abgestorbenen Pflanzenteile auf dem Staudenbeet ausdrucksstarke
Pflanzenbilder.

Straff aufrechte Blütenkerzen, die auf
hohen Stielen über dem Beet schweben
oder wie Raketen aus ihrem Laub in den
Himmel schießen, lenken den Blick nach
oben und bilden dominierende Elemente

im Beet. Auch kugelige oder halbkugelige Blütenformen auf hohen Stielen mit klaren, runden Konturen übernehmen bei entsprechender Größe eine tragende Rolle. Ihre Gegenspieler sind große, flache Dolden und Korbblüten, die in allen Etagen wie Schalen oder Teller im Beet schweben. Lockere Dolden oder längliche Rispen wirken in Gruppen wie kleine Wolken im Beet und bilden schöne Kontraste zu strengeren Formen. Zierliche Köpfchen und Quirle einzeln oder in Etagen an den Stielen sitzend, entfalten erst in großer Zahl ihre volle Wirkung und

umspielen in lustigem Tanz benachbarte Blätter und Blüten. Für eine optimale Wirkung bei dem Spiel mit Blütenformen sorgt eine durchdachte Höhenstrukturierung, denn manche Blütenstände wirken besser, wenn sie über anderen schweben, wie beispielsweise Kugelformen über Dolden. Andere kommen erst auf gleicher Höhe mit ihren Blühpartnern richtig gut zur Geltung.

Blattformen als Gestaltungselement

Meist lange bevor die ersten Blüten erscheinen und auch danach prägt das Laub das Erscheinungsbild der Pflanzen und damit des gesamten Beetes. Nicht nur bei den Stauden, auch unter den Gehölzen gibt es ausgesprochene Blattschönheiten. Eine Vielzahl unterschiedlicher Formen, Größen und Oberflächen stehen zur Auswahl. Die Palette reicht von schmalen, schwertförmigen oder grasartigen Blättern, über herzförmige, rundliche oder ovale, bis hin zu gefiederten Blattformen. Große schlichte Blattformen wirken elegant und statisch, während kleinteilig strukturierte, gefiederte Blätter lebendig, manchmal auch unruhig wirken. Für Blickpunkte im Beet und ausdrucksstarke Strukturen, die auch noch aus der Ferne wahrgenommen werden, sind ornamentale Blattschmuckstauden ideal. Zartes Blattwerk mit vielen kleinen Blättern wirkt dagegen eher aus der Nähe und kommt besonders gut zur Geltung, wenn es mit einfachen, klaren Blattformen und Blütenständen benachbart wird. Die unterschiedlichen Oberflächen der Blätter, von glänzend fest über runzelig und rau bis hin zu samtig weichem Flaum, verlocken zu reizvollen und spannenden Kombinationen. Besonders wertvoll sind Pflanzen, die mit ihrem immergrünen, attraktiven Laub auch im Winter die Beete beleben.

Tipps zur Pflanzenwahl

▶ **Hohe, aufrechte Blütenkerzen**
Eisenhut (*Aconitum*)
Rittersporn (*Delphinium*)
Fingerhut (*Digitalis*)
Kerzen-Ehrenpreis (*Veronica longifolia*)

▶ **Kugelförmige Blütenstände**
Zier-Lauch (*Allium*)
Ball-Dahlien (*Dahlia*)
Kugeldistel (*Echinops*)
Pfingstrose (*Paeonia*)

▶ **Flache Dolden**
Schafgarbe (*Achillea*)
Engelwurz (*Angelica*)
Wasserdost (*Eupatorium*)
Hohe Fetthenne (*Sedum-Telephium-Hybride*)

▶ **Körbchenblüten**
Mädchenauge (*Coreopsis grandiflora*)
Sonnenbraut (*Helenium*)
Sommer-Margerite (*Leucanthemum maximum*)
Sonnenhut (*Rudbeckia*)

▶ **Schalenblüten**
Herbst-Anemone (*Anemone-Japonica-Hybride*)
Storchschnabel (*Geranium*)
Türkischer Mohn (*Papaver orientale*)
Skabiose (*Scabiosa caucasica*)

▶ **Köpfchen und Quirle**
Sterndolde (*Astrantia*)
Mannstreu (*Eryngium planum*)
Witwenblume (*Knautia*)
Indianernessel (*Monarda*)

▶ **Immergrüne Blattschmuckstauden**
Elfenblume (*Epimedium x versicolor*)
Lenzrose (*Helleborus*)
Purpurglöckchen (*Heuchera*-Hybride 'Plum Pudding', 'Mocha', 'Frosted Violet')
Schaumblüte (*Tiarella cordifolia*)

▶ **Mit filigranen Blattstrukturen** steht der Bronze-Fenchel in stimmungsvollem Formenkontrast zu den gelappten Blättern des Federmohns und dem samtigweißen Laub des Woll-Ziests.

Mit Blüten- und Blattfarben Stimmungen malen

Die Farben von Blüten und Blättern bestimmen maßgeblich die Atmosphäre eines Gartens. Ein riesiges Pflanzensortiment verleitet uns zu immer neuen Experimenten. Lassen sie sich dabei ruhig von Ihrem persönlichen Farbempfinden leiten!

◄ **Das rotbraune und dunkelviolette Laub** von Purpurglöckchen und Silberkerze korrespondiert mit den purpurvioletten und braunrosa Blüten von Iris und Akelei.

Farbenlehre

Unsere Lieblingspflanzen und -farben sowie das individuelle Empfinden leiten uns bei der Farbkomposition im Garten. Wer sich gerne an feste Regeln hält, findet in der Farbenlehre eine Orientierungshilfe. Im Farbkreis sind die drei Grundfarben Rot, Blau und Gelb und die durch Farbmischung entstandenen Sekundärfarben Orange, Grün und Violett wie in einem Regenbogen angeordnet.

Auf der einen Kreishälfte liegen die kühlen Farbtöne Blau, Grün, Violett und Türkis. Auf der anderen Hälfte liegen die warmen Töne von Gelb über Orange bis Rot. Warme Töne vermitteln Energie und Lebendigkeit, treten dabei jedoch auch stärker in den Vordergrund, was besonders in kleinen Gärten berücksichtigt werden sollte. Kühle Töne wirken edel, treten eher in den Hintergrund und vermitteln Tiefe, wodurch der Garten größer wirkt, als er tatsächlich ist.

Die einzelnen Farbtöne von Blüten und Blättern wirken im Beet niemals isoliert, ihre Farbwirkung wird immer durch die Farben benachbarter Pflanzen und Gestaltungselemente beeinflusst. Die Farbe Weiß ist ein idealer Vermittler bei Missklängen im Beet. Auch beeinflusst sie die Farbwirkung benachbarter Farbtöne nicht, sodass diese in ihrer reinen Form wahrgenommen werden können.

Zarte Pastelltöne mit hohem Weißanteil wirken dezenter und kühler als reine, kräftige Farbtöne und ihre Kontrastbildung untereinander ist insgesamt schwächer. Daher bieten sie auch auf kleinen Beeten und in bunter Mischung immer ein harmonisches, ruhiges Bild. Blüten in reinen Farben haben dagegen eine besondere Intensität und Leuchtkraft und können dadurch mitunter sehr dominierend wirken. Eine Komposition aus Farbtönen mit ähnlichen Farbwerten wirkt ruhiger und harmonischer als Kombinationen reiner Farben mit Pastelltönen.

Harmonie und Kontrast

Farbtöne, die im Farbkreis dicht nebeneinanderliegen, wirken auf uns harmonisch. Beete in einer Farbe, Ton-in-Ton-Kombinationen in Rot, Violett oder Blau, sowie Farbverläufe zwischen warmen Orange- und Gelbtönen bis hin zu kühlem Blau und Violett oder eine Bepflanzung in ausschließlich kühlen oder warmen Farben sind daher beliebte Themen bei der Beetkomposition. Kontrastreiche Farbbenachbarungen werden als harmonisch bezeichnet, wenn sie die drei Grundfarben, Rot, Gelb und Blau, beinhalten. Das ist beim Komplementärkontrast, auch harmonischer Zweiklang genannt, der Fall. Die beiden Farbtöne liegen sich im Farbkreis jeweils gegenüber und bestehen aus einer Grundfarbe sowie einer Mischfarbe aus den zwei anderen Grundfarben, also Rot und Grün, Gelb und Violett, Blau und Orange. Farbpaare, die im Farbkreis dichter nebeneinanderliegen und daher nicht alle drei Grundfarben in sich vereinen, werden durch den fehlenden Farbton zu einem harmonischen Dreiklang ergänzt. Demnach würde eine Gelb-Blau Kombination erst durch die Ergänzung mit Rot einen befriedigenden Anblick bieten.

Tipps zur Pflanzenwahl

▶ **Rotlaubige Gehölze**

Trompetenbaum (*Catalpa erubescens* 'Purpurea')

Roter Judasbaum (*Cercis canadensis* 'Forest Pansy')

Roter Perückenstrauch (*Cotinus dummeri* 'Grace')

Blasenspiere (*Physocarpus opulifolius* 'Summer Wine')

Schwarzer Holunder (*Sambucus nigra* 'Black Lace')

Zwerg-Weigelie (*Weigela florida* 'Minor Black')

▶ **Schwarz-braun- und rotlaubige Stauden und Gräser**

Oktober-Silberkerze (*Cimicifuga simplex* 'Brunette')

Wasserdost (*Eupatorium rugosum* 'Chocolate')

Bronze-Fenchel (*Foeniculum vulgare* 'Atropurpureum')

Bronze-Felberich (*Lysimachia ciliata* 'Firecracker')

Kreuzkraut (*Ligularia dentata* 'Britt-Marie Crawford')

Purpur-Rutenhirse (*Panicum virgatum* 'Shenandoah')

Bartfaden (*Penstemon digitalis* 'Husker's Red Strain')

▲ **Die Blüten der Gelben Gauklerblume** setzen einen spannungsvollen Farbkontrast ins kühle Farbthema aus lila, violetten und weinroten Blüten.

▶ **Ein gewagter, aber wirkungsvoller Farbkontrast:** Orangerote Blütenrispen der Montbretie kombiniert mit rosavioletten Blüten der Indianernessel.

▼ **Eine fein abgestimmte Kombination** von Blattfarben und -formen machen dieses gelbe Schattenbeet zum Hingucker.

▲ **Monochrome Beete** wie dieser durch die Morgensonne kunstvoll in Szene gesetzte „Weiße Korridor" üben eine besondere Faszination aus.

▼ **Warmes Rot, Orange und Gelb** von Blüten und Stängeln ergeben ein feuriges, monochromes Pflanzenbild.

▶ **Kühle Farben** in harmonischen Farbabstufungen verleihen der großzügig angelegten, gemischten Rabatte ihren besonderen Charme.

Die wichtigste Voraussetzung für eine effektvolle Farbkomposition mit Blütenpflanzen ist, dass die ausgewählten Blühpartner möglichst gleichzeitig zu blühen beginnen und eine ähnliche Blühdauer haben. Blütenmenge, Größe der einzelnen Blüten und die Form des Blütenstandes bestimmen die Farbwirkung entscheidend mit. Für ausdrucksstarke Farbwirkungen und eine gute Fernwirkung sollten Stauden in größeren Gruppen einer Farbe verwendet werden, sonst wirkt ein Beet schnell unruhig. Das

gilt besonders für Pflanzen mit kleinen Blüten oder konturschwachen Blütenständen.

Vielfältige Blattfarben

Grün ist nicht gleich Grün. Vielfältige Abstufungen von zartem Lindgrün über Gelbgrün oder Graugrün bis hin zu dunklem Tannengrün laden zu Farbexperimenten ein. Zum Ausklang des Gartenjahres zaubern Stauden und Gehölze zudem mit teilweise spektakulären Herbstfärbungen ganz neue Stimmungen in den Garten.

Auch dies sollte bei der Planung eines Beetes von Anfang an miteinbezogen werden.

Das Laub bildet die Bühne für den Auftritt der Blüten, wird oft aber auch selbst zum Hauptdarsteller. Besonders ausdrucksstark sind Pflanzen mit andersfarbigem Laub oder Stängeln, denn sie bringen durch den starken Kontrast zu den vorherrschenden Grüntönen viel Spannung ins Beet. Die Palette reicht hier von dunklem Weinrot über Braunschwarz bis hin zu gelblichen, grauen oder silbrigen Tönen. Auch mit zwei oder mehrfarbigem, sogenanntem panaschiertem, mit Streifen, Flecken oder Marmorierungen gezeichnetem Laub, lassen sich interessante Effekte ins Beet zaubern. Häufig tritt dann sogar die Farbwirkung der Blüten in den Hintergrund. Die Farbe des Laubs kann sich in den Blütenfarben wiederholen oder in spannungsreichen Kontrast zu ihnen gesetzt werden. Bei der Kombination ähnlicher Blattfarben sollten möglichst kontrastreiche Formen und Oberflächen verwendet werden, um dem Beet die nötige Struktur zu geben. Zu viele unterschiedliche Grüntöne wirken dagegen schnell unruhig und chaotisch, was sich negativ auf die Blütenwirkung auswirken kann. Pflanzen mit gelbem Laub sollte man mit Vorsicht verwenden und mit kräftigen rotbraunen Laubfarben oder gelbrandigen Blättern und Blüten in warmem Orange oder Gelb kombinieren.

Monochrome Beete – alles in einer Farbe

Einen besonderen Reiz besitzen monochrome Beete, auf denen Blüten in nur einem Farbton kombiniert werden. Hierbei entstehen ungewohnte Farbwirkungen und die Formen und Strukturen der Pflanzen werden ganz anders wahrgenommen. Schnell wirkt eine solche Kombination ausdruckslos und langweilig, wenn nicht geschickt mit Farbtonabstufungen, Farbwerten, Formenkontrasten und dem Grün der Blätter jongliert wird. Setzen sie formale Elemente aus Eibe oder Buchs dazwischen, sie geben monochromen Beeten durch klare Konturen und ihr dunkles Laub Struktur und einen ruhigen, kontrastreichen Hintergrund. Elegant und kühl wirken weiße oder graue Beete. Neben den weißen Blüten bietet silbernes oder weiß panaschiertes Laub von Stauden und Gehölzen einen spannenden Gestaltungsspielraum. Einzelne Farbspritzer in zartem Blau, Gelb oder Violett sorgen für mehr Lebendigkeit und das gewisse Etwas.

Auf blauen Beeten geben in Wirklichkeit blauviolette Blütenfarben den Ton an, denn reinblaue Blüten sind sehr selten. Verwenden Sie Blautöne in unterschiedlichen Helligkeitsstufen von transparentem Eisblau bis zu tiefem Violettblau, wirkt das Beet lebendig und abwechslungsreich. Sehr ähnliche Farbtöne wirken dagegen sehr ruhig und monoton. Graues Laub bringt kühle Eleganz in blaue Beete.

Beim Farbthema Rot kommt neben der Blütenfarbe auch die Blattfarbe ins Farbspiel. Eine große Palette rotlaubiger Blattschmuckstauden, Gräser und Gehölze laden zu Farbexperimenten ein, vorausgesetzt, ihre Blütenfarben beeinträchtigen das Farbkonzept nicht. Vorsicht ist geboten bei der Blütenfarbe, denn Rot ist nicht gleich Rot. Kombinationen aus warmen Rottönen mit hohem Gelbanteil und kühlem Blaurot wirken schnell schräg und unharmonisch. Doch auch hier gilt: Erlaubt ist, was gefällt.

Einen ganz eigenen, geradezu morbiden Charme besitzen Beete mit grün blühenden Pflanzen. Im Zusammenspiel interessanter Blattformen in variierenden Grüntönen und zarten weißgrünen und grüngelben Blüten entstehen aparte Pflanzenbilder von außergewöhnlicher Schönheit.

Pflanzenkombination

► **Aparter Blütencharme in Grün**

Schafgarbe (Achillea-Filipendulina-Hybride 'Hella Glashoff')

Kahler Frauenmantel (Alchemilla epipsila)

Zier-Lauch (Allium 'Mount Everest')

Akelei (Aquilegia 'Green Apples')

Sterndolde (Astrantia major 'Sunningdale Variegated', 'Star of Billion')

Roter Sonnenhut (Echinacea 'Green Jewel')

Gold-Wolfsmilch (Euphorbia polychroma 'Variegata')

Lenzrose (Helleborus-Orientalis-Hybride 'Yellow Lady')

Taglilie (Hemerocallis-Hybride 'Green Flutter')

Hyazinthe (Hyacintus 'City of Harlem')

Rispen-Hortensie (Hydrangea paniculata 'Limelight')

Hohe Bart-Iris (Iris-Barbata-Elatior 'Pleated Gown')

Pfingstrose (Paeonia-Hybride 'Moonrise')

Flammenblume (Phlox paniculata 'Sherbet Cocktail')

Strauchrose (Rosa chinensis 'Viridiflora')

Tulpe (Tulipa 'Spring Green')

FRÜHLING
Ein blütenreiches Jahr beginnt

„Frühling lässt sein blaues Band wieder flattern durch die Lüfte; süße, wohlbekannte Düfte streifen ahnungsvoll das Land. Veilchen träumen schon, wollen balde kommen."

Eduard Mörike (1804–1875)

Wenn ab März die ersten wärmeren Sonnenstrahlen
leuchtende Lichtreflexe in die wiedererwachende Natur
zaubern, zieht es uns unwiderstehlich in den Garten,
um dieses Wunder der Natur aus der Nähe zu betrachten. Die ersten Gehölze hüllen sich in duftige Schleier
aus zarten Blättern oder schmücken sich bereits mit
weithin leuchtenden Blüten. Selbst wenn der Winter
ein letztes Mal vorbeischaut und sich die Blüten und
Blätter der Zwiebelblumen unter einer Schneedecke
ducken müssen – der Frühling ist da!

März

Nachdem uns Winterling und Schneeglöckchen in milden Wintern manchmal schon ab Ende Februar in hoffnungsvolle Erwartung versetzen, läuten jetzt im März die frühen Seerosen-Tulpen, großblütige Trompeten-Narzissen und Schlüsselblumen den Vorfrühling ein. Dazu streifen sich die ersten Gehölze ihr frühlingshaftes Laubkleid über und schmücken sich mit duftigen Blütenschleiern.

Den Beginn des Frühlings hautnah erleben zu können, ist immer wieder ein Erlebnis. Daher sollten Frühlingsbeete und Blütengehölze so im Garten platziert sein, dass wir sie auch vom Wohnzimmer aus immer im Blick haben.

◄ **Blausternchen** (*Scilla*), frühe Tulpen und kleine Sträußchen der anmutigen Cyclamineus-Narzissen umspielen in einem dichten Blütenteppich das frisch austreibende Laub des Purpur-Greiskrautes (*Ligularia dentata*). Später, nach dem Einziehen der Vorfrühlingsblüher, wird es das Beet mit seinem dekorativen, weinroten Laub überdecken, über das sich im Juli die goldgelben Blüten in spannungsreichem Farbkontrast erheben werden.

▶ **Das allseits bekannte**, immer wieder bezaubernde Schneeglöckchen gibt es in unzähligen Variationen, und schon so mancher Liebhaber der aparten Vorfrühlingsblüher ist der Sammlerleidenschaft hoffnungslos erlegen. Diese gefüllte Variante 'Dionysus' mit intensiv grüner Zeichnung macht Lust auf mehr.

▲ **Manchmal sorgt der Vorfrühling** noch einmal für ein winterliches Intermezzo und legt überraschend eine zarte Schneedecke über die Beete, aus denen Narzissen, Krokusse und Traubenhyazinthen standhaft hervorblitzen.

▲ **Die Orientalischen Lenzrosen** (*Helleborus-Orientalis-Hybride*), wie die bezaubernde 'Pink Lady', sind Wanderer zwischen den Jahreszeiten, denn sie öffnen, später als die bereits ab Dezember blühenden Christrosen (*Helleborus niger*), ihre Blütenschalen von Februar bis Ende April.

April

Mit strahlendem Sonnenschein lässt der April nach kurzen Schauern die bunten Frühlingsblüten und das frisch austreibende Laub in unzähligen Farbnuancen wie bunte Edelsteine aufblitzen. Frühlingsbeete sind überaus lebendige Gartengemälde: Tag für Tag präsentieren sich neue Akteure und verführen uns zu Streifzügen durch den Garten.

Sobald die Sonnenstrahlen wärmer werden, möchten wir nach den langen Wintertagen endlich wieder im Freien sitzen. Schön, wenn die Sitzbereiche am Haus jetzt durch Beete mit blühenden Frühlingsgehölzen vor Einblicken geschützt sind. Frühstarter sind Blut-Johannisbeere, Goldglöckchen, die duftende Stern-Magnolie 'Royal Star', Zier-Kirschen wie die herrliche 'Accolade' oder die Scharlach-Kirsche, die uns im Herbst mit einer spektakulären, flammenden Herbstfärbung nochmals verwöhnt. Mit Zwiebelpflanzen und Frühlingsstauden unterpflanzt bilden sie traumhaft schöne Frühlingsbilder.

▲ **Die farbenfrohen Kissen-Primeln** sind dankbare Frühlingsblüher für den Aprilgarten. Vorgezogene Exemplare, die wir uns bereits im Winter als ersten Vorfrühlingsgruß ins Zimmer holen, können nach dem Verblühen problemlos in den Garten gepflanzt werden. Sie samen sich an zusagenden Stellen gerne selber aus und eignen sich zum Verwildern im Rasen.

▲ **Ihren schachbrettartig gemusterten**, nickenden Blütenglocken verdankt sie ihren Namen: Die aparte Schachbrettblume (*Fritillaria meleagris*) ist eine heimische Pflanze, die feuchte Standorte mit nährstoffreichen Böden bevorzugt, wo sie mit der Zeit größere Bestände bildet. Da sie nach dem Verblühen einzieht, sollte man sie mit Pflanzen kombinieren, die mit attraktivem Laub die Flächen bedecken. Hier wurde sie mutig mit den leuchtenden Polstern des immergrünen Blaukissens kombiniert, das vorzugsweise auf Mauerkronen und in Steingärten wächst.

◄ **Oft locken uns die ersten Blüten** des Jahres in den Garten. Von einem sonnigen, windgeschützten Plätzchen aus kann man an warmen Frühlingstagen oft schon ab Ende März das Frühlingserwachen hautnah erleben. Ein kleiner gepflasterter Bereich für einen Gartenstuhl im Frühlingsbeet oder eine Sitzmauer aus Natursteinen als Beetbegrenzung reichen für eine kurze Stippvisite im Garten aus. Auf diesem Rondell kann bei schönem Wetter schnell ein gemütlicher Gartensessel aufgestellt werden, um die Frühlingspracht aus Hyazinthen, Lenzrose, Elfenblumen, Kaukasusvergissmeinnicht und frühen Tulpen zu genießen.

Mai

Manchmal fühlen wir uns im Mai schon fast wie im Sommer, obwohl uns Flieder, Maiglöckchen und Co. mit ihren weit streifenden Düften daran erinnern, dass noch Frühling ist. Von den Spalieren stürzen sich die Blütentrauben des Blauregens in Kaskaden hinab, an den Hauswänden leuchten zwischen frischem Grün die zierlichen Blüten der Frühlings-Waldreben und die ersten Rosen öffnen ihre Knospen. Auf den Beeten herrscht Hochbetrieb: Späte Tulpen sitzen in dicken Sträußen zwischen den ersten Blüten von Pfingstrose und Hoher Bart-Iris, die Akelei vagabundiert munter durchs Beet und die Blütenkugeln des Zier-Lauchs setzen formale Ausrufezeichen ins Beet. Die zarten weißrosa Blütenblätter der Apfelbäume lassen sich wie frischer Schnee über Beete und Rasen fallen. Frühlingsgenuss pur!

▶ **Lupinen** sind traditionell beliebte Rabattenstauden im frühsommerlichen Cottage-Garten. Sie lassen sich mit ihren großen, ausdrucksstarken Blütenständen aber auch sehr gut in andere Beetkonzepte integrieren. Leider sind sie nicht sehr langlebig und müssen daher gelegentlich nachgepflanzt werden. Schneidet man sie gleich nach der Blüte bis zum Boden zurück, bilden sie schnell frisches Laub und eine etwas bescheidenere Nachblüte.

▲ **In einem lang gezogenen Blütenband** stehen die purpurlila Blütenkugeln des Iran-Lauchs (*Allium aflatunense*) im Beet. Sie kommen vor dem weiß panaschierten Laub des Hartriegels in Verbindung mit den hellblauen Blüten des Vergissmeinnichts wunderbar zur Geltung. Das frische Laub von Funkien und Kreuzkraut bildet einen attraktiven Hintergrund für die leuchtend gelben Blüten der Trollblume und des Gelben Lerchensporns. Die Blüten der Horn-Tulpe (*Tulipa acuminata*) setzen rote Farbakzente.

▼ **In den Abend- und Nachtstunden** betört die Nachtviole mit ihrem weit reichenden Duft. In dieser Frühlingskomposition steht sie mit ihren zahlreichen, kleinen Blüten in einem spannungs-vollen Formkontrast zu den großen, klar konturierten Blüten der späten Tulpen, während bei der Blütenfarbe vollkommene Harmonie herrscht. Die hellblauen Blüten des Vergissmeinnichts setz-ten einen gewagten Farbkontrast dazu. Im Vordergrund steht das dekorative Laub des Brandkrau-tes, im Hintergrund sitzen zwischen dem grasartigen Laub die violetten Knospen der Sibirischen Wiesen-Iris bereits in den Startlöchern.

▶ **Akeleien** mit ihren charakteristischen, gespornten Blüten besitzen den altmodi-schen Charme vergangener Jahrhunderte und sind wunderbare Frühlings- und Frühsommerblüher im sonnigen bis halbschattigen Gehölzrand. Auf diesem Beet wurden langspornige Hybriden in großen Farbgruppen kombiniert. Ein überwältigender Anblick! Die straff aufrecht wachsenden Blütenkerzen des Steppen-Salbeis und die violetten Blüten der hohen Bart-Iris im Beethintergrund sind eine wunderbare Ergänzung.

Verborgenes Gartenparadies

Der Garten liegt versteckt und von der Straße nicht einsehbar, hinter dem Haus. Wer jedoch die hohe Gartentür im Vorgarten öffnet, betritt das kleine Gartenparadies einer Malerin, das nach und nach seine ganze Schönheit offenbart.

▲ **Im späten Frühling,** nach der Kirschblüte (siehe Seite 30), zeigt sich der hintere Gartenbereich in völlig neuem Gewand, denn jetzt zaubern rote Tulpen und blaue Vergissmeinnicht farbige Akzente auf die Beete an Teich und Bachlauf.

Das langgezogene Grundstück wurde von der Besitzerin und begeisterten Hobby-gärtnerin geschickt in unterschiedliche Gartenräume gegliedert, wodurch sich überraschende Sichtbezüge und abwechslungsreiche Raumwirkungen ergeben. Insgesamt erscheint der Garten dadurch weitläufiger, als er tatsächlich ist. Die Beete wurden liebevoll mit persönlichen Pflanzenschätzen bepflanzt. Ihre eigenen, ausgefeilten Pflanzenkompositionen inspirieren die ambitionierte Malerin bei der Aquarellmalerei und liefern ihr immer neue Motive. Einmal im Jahr öffnet sie die Pforten ihres Gartenparadieses und lässt interessierte Besucher an ihrer Liebe zu Blumen teilhaben.

▶ **Im Sommer** erhält der Gartenraum durch das dichte Laub des Kirschbaums ein völlig neues Gesicht. Im Juni leuchten die hohen Blütenstände des Fingerhuts und die weißen Blütenrispen des imposanten Wald-Geißbarts im spannungsvollen Wechselspiel von Licht und Schatten.

◀ **Die goldenen Strahlen der Oktobersonne** verleihen dem herbstlichen Garten vor allem in den späten Nachmittagsstunden einen besonderen Charme. Das Laub des Kirschbaums beginnt sich in warme Orange- und Brauntöne zu verfärben, davor leuchten die letzten Blüten des Gartenjahres.

Ein gestalterisches Highlight ist der hintere Gartenbereich, der durch einen Teich mit Bachlauf vom übrigen Garten getrennt und nur über einen Holzsteg erreichbar ist. Durch diese Rauminszenierung entsteht ein eigenständiger, einladender Gartenraum, der durch die im Jahreslauf variierende Höhenstruktur der umgebenden Bepflanzung mal mehr, mal weniger stark wahrgenommen wird. Wie eine grüne Insel legt sich hier eine kreisrunde Rasenfläche um einen großen Kirschbaum, der den gesamten Garten im Wandel der Jahreszeiten in eindrucksvoller Weise prägt. Im Frühling verzaubert er mit einem zarten, weißen Blütenschleier, im Sommer locken die Früchte und im Herbst leuchtet sein buntes Blattkolorit. Eine Holzbank fungiert als romantischer Blickfang und bietet zudem an heißen Sommertagen einen schattigen Rückzugsort.

▼ **Der Winter** hat sich noch einmal überraschend mit einer weißen Schneedecke in dem langsam vorfrühlingshaft erwachenden Garten zurückgemeldet. Die Stauden befinden sich noch im Winterschlaf und geben so den Blick auf den Bachlauf und den dahinterliegenden Gartenraum frei.

Frühlingserwachen – die ersten Boten des Gartenjahres

Standhaft recken die ersten Vorfrühlingsblüher ihre Köpfe aus dem Schnee und verkünden uns den nahenden Frühling.

◄ **Kleine Sträuße** der zierlichen *Cyclamineus*-Narzisse 'Jack Snipe' und Tuffs der Strahlen-Anemone 'Blue Shades' erheben sich aus dem Laubteppich der Waldsteinie.

▲ **Die Küchenschelle** ist ein attraktiver Vorfrühlingsblüher für sonnige, trockene Freiflächen und Steingärten.

▼ **Lenzrose** und Märzenbecher im Vorfrühlingsduett

Die goldgelben Blütenschalen des Winterlings (*Eranthis*), kleine Sträußchen der aparten Schneeglöckchen (*Galanthus*) und die lavendelfarbenen Blütenkelche des Elfen-Krokus (*Crocus tommasinianus*) eröffnen als erste den Blütenreigen im Vorfrühling. Unter Bäumen und Sträuchern sind sie ideale Partner für die zierlichen Frühlings-Alpenveilchen (*Cyclamen coum*) und die zartblauen Siebenbürger Leberblümchen (*Hepatica transsylvanica*), die noch vor unseren heimischen Leberblümchen (*Hepatica*

nobilis) blühen. Sie alle sind Wanderer zwischen den Jahreszeiten und überraschen uns in milden Wintern manchmal schon im Januar. Auch das Kaukasische Blausternchen (*Scilla mischtschenkoana*) öffnet oft schon im Februar seine porzellanblauen Sternblüten. Der ausbreitungsfreudige Nickende Blaustern (*Scilla siberica*) folgt etwas später im März und bildet schnell dichte Blütenteppiche in leuchtendem Violettblau. Zusammen mit Lerchensporn (*Corydalis cava*), Märzenbecher (*Leucojum ver-*

Blütengehölze – die schönsten Partner für Vorfrühlingsblüher

Botanischer Name	Deutscher Name	Wuchs (Höhe in m)	Blüte (Monate)	Besonderheiten
► Abeliophyllum distichum	Weiße Duftforsythie	sparriger Strauch (bis 2)	weiße Glöckchen (II–III); zarter Mandelduft	rote Herbstfärbung
► Daphne mezereum	Seidelbast	breitbuschiger Kleinstrauch (1–1,5 hoch und breit)	rosa (III), starker Duft	Pflanze in allen Teilen giftig; für kleine Gärten
► Forsythia ovata 'Tetragold'	Goldglöckchen	Kleinstrauch, dichter gedrungener Wuchs, (1–1,5 hoch und breit)	leuchtend hellgelb (III–IV), leichter Duft	gelblich-rötliche Herbstfärbung; für kleine Gärten
► Prunus 'Accolade'	Frühe Zier-Kirsche	baumartiger Großstrauch überhängend (5–8)	rosa Blütenbüschel (IV)	gelborange Herbstfärbung
► Prunus kurilensis 'Brillant'	Kurilen-Kirsche	fein verzweigter, aufrechter Kleinstrauch (1–2 hoch und breit)	weiß mit rosa Schimmer (III–IV)	orangerote Herbstfärbung
► Rhododendron 'Praecox'	Vorfrühlings-Alpenrose	Strauch (bis 1,5 hoch und breit)	zart lilarosa (III–IV)	dunkelgrünes, glänzendes Laub, wintergrün
► Viburnum farreri 'Nanum'	Zwerg-Duftschneeball	fein und dicht verzweigtes Zwerggehölz (bis 1)	rosa, später weißlich (XI–III), süßer Duft	für Staudenbeete oder kleine Gärten; rötliche Rinde, schöne Herbstfärbung
► Viburnum burkwoodii	Duft-Schneeball	ausladender, überhängender Wuchs (2–3)	rosa bis weiße Blütenbälle (III–V), Vanilleduft	wintergrünes Laub

num), Schneestolz (*Chionodoxa*) und Strahlen-Anemone (*Anemone blanda*) ergeben sich herrliche Vorfrühlingsbilder.

Viele Frühstarter aus dem Reich der Zwiebel- und Knollenpflanzen fühlen sich vor und unter Laub abwerfenden Bäumen und Sträuchern am wohlsten. Hier finden sie den für ihre Entwicklung notwendigen humusreichen Boden, der sich über die Jahre aus dem Laub der Gehölze gebildet hat. Geschickt nutzen sie die Zeit vor dem Laubaustrieb, wenn noch genügend Licht einfällt, und schieben die in ihren Zwiebeln und Knollen gespeicherte Blütenpower in kürzester Zeit aus dem Boden. In kleinen Tuffs oder größeren Gruppen kommen sie optimal zur Wirkung.

Zum Glück hat die Natur für uns vorgesorgt, denn viele Vertreter der Vorfrühlingsblüher verbreiten sich durch Brutzwiebeln oder Selbstaussaat, sodass ohne unser Zutun auf Beeten und in angrenzenden Rasenflächen mit den Jahren wahre Blütenteppiche entstehen. Eine wunderbare Ergänzung sind die unkomplizierten *Cyclamineus*-Narzissen

(*Narcissus cyclamineus*), die in kleinen Sträußchen dazwischenstehen und uns jedes Jahr aufs Neue erfreuen. Manche Sorten wie 'February Silver' oder 'Jetfire' blühen nach milden Wintern bereits Ende Februar.

Auch früh blühende Stauden wie Lenzrose (*Helleborus*) oder Lungenkraut (*Pulmonaria*) passen wunderbar unter die zarten Vorfrühlingsblütengehölze. Flechten Sie einzeln oder in kleinen Gruppen Stauden und Zwiebelblumen, die später blühen oder attraktives Laub entwickeln, in den Vorfrühlingsteppich ein. Sie beleben die Beete aufs Neue und verdecken dabei das vergilbende Laub der einziehenden Zwiebel- und Knollenpflanzen. Gut geeignet sind spät austreibende, schattenverträgliche Blattschmuckstauden oder Gruppen aus später blühenden Zwiebelpflanzen wie Hasenglöckchen (*Hyacinthoides non-scripta*) oder Hundszahn (*Erythronium*-Hybriden). Immergrüne Farne, einzeln oder in Gruppen gesetzt, strukturieren schattige Beete und bilden einen schönen Hintergrund für die Vorfrühlingsblüher.

Pflanzenkombinationen für den Vorfrühling

► **Blattschmuckstauden und Vorfrühlingsblüher in Rosé, Weiß und Aubergine**

Schneeglanz (*Chionodoxa forbesii* 'Pink Giant')

Purpur-Wolfsmilch (*Euphorbia amygdaloides* 'Purpurea')

Schneeglöckchen (*Galanthus* 'S. Arnott')

Lenzrose (*Helleborus*-Orientalis-Hybride 'Silvermoon')

Purpurglöckchen (*Heuchera micrantha* 'Plum Pudding')

Teppich-Primel (*Primula x pruhoniciana* 'Herzblut')

► **Elegante Vorfrühlingsvariation: silbriges Laub und kühle Blütenfarben**

Buschwindröschen (*Anemone nemorosa* 'Vestal')

Regenbogenfarn (*Athyrium niponicum* 'Metallicum')

Kaukasusvergissmeinnicht (*Brunnera macrophylla* 'Mrs. Morse')

Leberblümchen (*Hepatica transsylvanica* 'Buis')

Alpenveilchen Narzisse (*Narcissus cyclamineus* 'February Silver')

Scheinscilla (*Puschkinia scilloides* var. *libanotica*)

Lungenkraut (*Pulmonaria saccharata* 'Mrs. Moon')

Er ist's – der Frühling

Jetzt treten Tulpen, Narzissen und Hyazinthen mit ausdrucksstarken Blüten in allen erdenklichen Farben ins Rampenlicht der Beete. Das riesige Sortiment macht es nicht immer leicht, die richtige Wahl zu treffen.

◄ **Frühling im April:** Die gelben Blüten der Weinberg-Tulpe mit Sumpfdotterblumen, *Cyclamineus*-Narzissen 'Pipit' und karminroten Etagen-Primeln.

▲ **Als dekoratives, aubergine-farbenes Band** schiebt sich die Purpur-Wolfsmilch zwischen die Blattschwerter der Iris und die eleganten Lilienblütigen Tulpen.

▼ **Die Greigii-Tulpe 'Pinocchio'** setzt von April bis Mai leuchtende Farbtupfer zwischen die graugrünen Lavendelbüsche.

► **Frühlingssträuße im Garten:** Die Zwiebeln werden im Herbst in den Boden gesteckt.

Großer Auftritt für Tulpen & Co.

Bei den Tulpen, die generell anspruchsvoller sind als Narzissen, spielt die richtige Arten- und Sortenwahl eine entscheidende Rolle. Es gibt robuste Vertreter, die jedes Jahr aufs Neue wiederkehren, und andere, die bereits nach kurzer Zeit verschwinden. Für eine ausdauernde Bepflanzung am besten geeignet sind Botanische Tulpen mit dekorativem, dunkel gezeichnetem Laub, wie die niedrigen Seerosen-Tulpen (*Tulipa kaufmanniana*), die im April blühenden Fosteriana-Tulpen (*Tulipa fosteriana*) oder die bis in den Mai hinein blühenden Greigii-Tulpen. Wildtulpen, wie die niedrige, mehrblütige Späte Tulpe (*Tulipa tarda*) mit gelbweißen Blüten, die duftende, grünlich gelb blühende Weinberg-Tulpe (*Tulipa sylvestris*) oder die elegante Damen-Tulpe (*Tulipa clusiana*), haben sich ihren natürlichen Charme bewahrt und sind ebenfalls treue Vertreter. Sie fühlen sich in naturnahen Pflanzungen, auf trockenen Freiflächen oder am sonnigen Gehölzrand am wohlsten.

Auch unter den modernen Züchtungen, wie den niedrigen gefüllten und ungefüllten frühen Tulpen, die zusammen mit den standfesten hohen Triumph-Tulpen schon Anfang April zu blühen beginnen, oder den ab Ende April blühenden robusten Darwin-Tulpen gibt es ausdauernde Sorten. Bei ge-

schickter Sortenwahl kann die Tulpenblüte von März bis Ende Mai andauern.

Im April haben die mehrblütigen Engelstränen-Narzissen (*Narcissus triandrus*) mit zierlichen Blütenköpfen ihre Hauptblütezeit. Die Duft-Narzissen (Jonquilla-Narzissen) verzaubern uns bis in den Mai hinein in vielen attraktiven Sorten mit ihrem intensiven Duft.

Hyazinthen sollten auf keinem Aprilbeet fehlen. Ungewohnte Sorten, wie die lachsfarbene 'Gipsy Queen', die zartgelbe 'City of Haarlem' oder die intensiv purpurrote 'Woodstock', und gefüllt blühende Sorten, wie die kräftig karmesinrote 'Hollyhock', laden zu gewagten Farbspielen mit Tulpen und Stauden in Orange, Pink oder Purpur ein. Wolfsmilch (*Euphorbia*) mit rotem oder hellgrünem Laub, rot und gelb

Pflanzenkombinationen für den Frühling

▶ **Attraktive Frühlingsgruppen in Pink, Gelb und Violett am sonnigen Gehölzrand**

Bergenie (*Bergenia*-Hybride 'Rosi Klose')

Elfenblume (*Epimedium grandiflorum* 'Lilafee')

Purpur-Wolfsmilch (*Euphorbia amygdaloides* 'Purpurea')

Zitronen-Taglilie (*Hemerocallis citrina*)

Purpurglöckchen (*Heuchera*-Hybride 'Frosted Violet')

Funkie (*Hosta*-Hybride 'Fire Island')

Dichter-Narzisse (*Narcissus poeticus* 'Actaea')

Engelstränen-Narzisse (*Narcissus triandrus* 'Hawera')

Triumph-Tulpe (*Tulipa* 'Negrita')

Tipps zur Pflanzenwahl

▶ **Ausdauernde späte Tulpen für Sonne und Schatten**

Crispa-Tulpe 'Hamilton'

Darwin-Tulpen 'Ad Rem', 'Apricot Impression', 'Oxford', 'Parade', 'Pink Impression'

Greigii-Tulpe 'Cape Cod'

Triumph-Tulpe 'Negrita'

Viridiflora-Tulpe 'Spring Green'

▶ **Früh austreibende Stauden als Partner für Zwiebelpflanzen**

Herbst-Anemone (*Anemone-Japonica*-Hybride)

Prachtspiere (*Astilbe*)

Flockenblume (*Centaurea*)

Silberkerze (*Cimicifuga*)

Tränendes Herz (*Dicentra spectabilis*)

Sibirischer Storchschnabel (*Geranium wlassowianum*)

Katzenminze (*Nepeta*)

▶ **Blütengehölze fürs Aprilbeet**

Kupfer-Felsenbirne (*Amelanchier* 'Ballerina')

Judasbaum (*Cercis siliquastrum*)

Zierquitte (*Chaenomeles*)

Purpur-Magnolie (*Magnolia liliflora* 'Betty')

Stern-Magnolie (*Magnolia stellata* 'Royal Star')

Mahonie (*Mahonia aquifolium* 'Apollo')

Zwergmandel (*Prunus tenella*)

Blut-Johannisbeere (*Ribes sanguineum* 'King Edward VII')

Schnee-Spiere (*Spiraea arguta*)

blühende Lenzrosen (*Helleborus Orientalis*-Hybriden) und attraktive Blattschönheiten, beispielsweise Bergenien (*Bergenia*) oder rotlaubige Purpurglöckchen (*Heuchera*), sind ideale Partner.

Frühlingsblüher gekonnt arrangieren

Beete bilden eine ideale Bühne für den Auftritt der Frühlingsblüher, wenn sie mit Formgehölzen aus Buchs oder Eibe strukturiert oder eingerahmt werden. Auch vor Frühlingsgehölzen legen Tulpen, Narzissen und Co. in Gruppen kombiniert einen perfekten Auftritt hin. Wintergrüne Stauden mit attraktivem Laub, aber auch früh austreibende und blühende Stauden sind ideale Partner für Zwiebelpflanzen und wertvolle Strukturbildner – einzeln,

in kleinen Gruppen, als geschwungene Bänder oder als Beetrahmen.

Lassen Sie Ihrer Kreativität freien Lauf und arrangieren Sie farblich abgestimmte Frühlingsgruppen aus gleichzeitig blühenden Stauden und Zwiebelblumen, die locker über das Beet verteilt werden. Oder lassen Sie Tulpen und Narzissen dicht an dicht als schmale Frühlingsgirlanden gemischt oder in einer Sorte in sanften Schwüngen durchs Beet ziehen. Setzen Sie höhere, spät austreibende Stauden mit attraktivem Laub dazwischen, denn sie überdecken später das vergilbende Laub der Zwiebelpflanzen. Sehr anmutig wirken Tulpen, wenn man sie einzeln locker über das ganze Beet verteilt. Spielen Sie dabei mit unterschiedlichen Höhen, Blütenformen und Farben.

Gestaltung

Blütenfest im Wonnemonat Mai

Jetzt kommt der Frühling so richtig in Fahrt – überall im Garten sprießt und blüht es. Die Natur explodiert geradezu und bereitet uns ein berauschendes Blütenfest.

Aparte Pflanzenkombinationen fürs Maibeet

▶ **Pastelliges Blütenmeer in Rosa und Lila (für frische Freiflächen)**

Blaue Prärielilie (*Camassia leichtlinii* 'Caerulea')
Wiesen-Storchschnabel (*Geranium-Pratense-Hybride* 'Brookside')
Märzenbecher (*Leucojum aestivum* 'Gravetye Giant')
Taglilie (*Hemerocallis*-Hybride 'Always Afternoon')
Sibirische Wiesen-Iris (*Iris sibirica* 'Blaue Milchstraße')
Purpur-Jakobsleiter (*Polemonium yezoense* 'Purple Rain')
Akeleiblättrige Wiesenraute (*Thalictrum aquilegifolium* 'Thundercloud')
Dreimasterblume (*Tradescantia x andersoniana* 'Concord Grape')

▶ **Blütenteppich in Silber, Blau und Pink (für trockene Freiflächen)**

Sternkugel-Lauch (*Allium christophii*)
Flockenblume (*Centaurea hypoleuca* 'John Coutts')
Berg-Flockenblume (*Centaurea montana* 'Purple Rose')
Steppenkerze (*Eremurus robustus*)
Blut-Storchschnabel (*Geranium sanguineum* var. *lancastriense*)
Hohe Bart-Iris (*Iris barbata elatior* 'Sarah Elisabeth')
Florentiner Schwertlilie (*Iris germanica* 'Florentina')
Blauer Stauden-Lein (*Linum perenne* 'Nanum Saphir')
Katzenminze (*Nepeta x faassenii* 'Grog')
Türkischer Mohn (*Papaver orientale* 'Mambo')
Steppen-Salbei (*Salvia nemorosa* 'Viola Klose')
Woll-Ziest (*Stachys byzantina* 'Big Ears')
Riesen-Federgras (*Stipa gigantea*)
Silberblatt-Ehrenpreis (*Veronica incana* 'Silberteppich')

Flieder mal anders

Der Gewöhnliche Flieder (*Syringa vulgaris*) mit seinen üppigen Blütenrispen und seinem unnachahmlichen Duft ist der Star unter den Blütengehölzen. Für neue, aufregende Fliedererlebnisse sorgen attraktive Arten, die noch viel zu selten in unseren Gärten zu finden sind: Der Königs-Flieder (*Syringa chinensis*) überzeugt durch seinen malerischen, überhängenden Wuchs und breite lilafarbene Rispen mit süßem Duft. Oft schon Ende April beginnt die Blüte des Frühlings-Flieders (*Syringa hyacinthiflora*). Seine lockeren Blütenrispen mit großen ungefüllten Einzelblüten, die zart duften, wirken natürlich. Für kleine Gärten bestens geeignet ist der Mandschurische Flieder (*Syringa patula* 'Miss Kim') mit violettrosa Blütenrispen, die einen zarten Nelkenduft verströmen und erst Ende Mai voll erblühen. Für gemischte Rabatten sind der Chinesische Zwerg-Flieder (*Syringa meyeri* 'Palibin') und der im Herbst nochmals reich blühende Herbst-Flieder (*Syringa microphylla* 'Superba') ideal.

Stauden und Frühlingszwiebeln geschickt kombinieren

Die niedrigen Pfingstrosen-Tulpen öffnen jetzt ihre gefüllten Blüten. In Gruppen zwischen früh blühenden Stauden wie Jakobsleiter (*Polemonium*), Tränendem Herz (*Dicentra spectabilis*), Zwerg-Herzblume (*Dicentra formosa*) und vorgezogenen Frühlingsblühern wie Tausendschön, Vergissmeinnicht oder Stiefmütterchen wirken sie am schönsten. Auch der attraktive Blattaustrieb später blühender Stauden, wie Flockenblume (*Centaurea hypoleuca*), Taglilie (*Hemerocallis*) und Funkie (*Hosta*), oder formale Kugeln aus Eibe oder Buchs bilden einen passenden Hintergrund. Die eleganten Lilienblütigen Tulpen kommen am besten zur Geltung, wenn sie über einem Teppich aus niedrigen frühen Stauden wie Frühlings-Phlox (*Phlox divaricata*) oder Gänsekresse (*Arabis*) schweben. In langen Reihen ziehen die späten Tulpen mit ihren wirkungsvollen, großen Blüten auf hohen Stielen über die Beete oder sitzen zu Sträußen gruppiert zwischen Blütenhügeln

früher Storchschnabel-Sorten (z. B. 'Terre Franche', 'Jolly Bee' oder 'Brookside'). Die grün gezeichneten Blüten der Viridiflora-Tulpen und die Papagei-Tulpen mit ihren verdrehten und zerknitterten Blütenblättern in ungewohnten Farbspielen reizen zu kunstvollen Arrangements.

Viele Allium-Arten setzen bereits im Mai mit ihren ausdrucksstarken Kugelblüten in Weiß, Purpur oder Lila auf schlanken Stielen Ausrufezeichen ins Beet, während die anmutigen Blüten der späten Dichter-Narzissen (*Narcissus poeticus*) betörende Düfte verströmen. Frühe Sorten der Hohen Bart-Iris (*Iris barbata-elatior*), Pfingstrosen (*Paeonia*) und Türkischer Mohn (*Papaver orientale*) entfalten zwischen den zitronengelben, duftenden Blüten der Kleinen Taglilie (*Hemerocallis minor*) und den blauen Rispen der Katzenminze (*Nepeta*) ihre ersten Blüten. Im Schatten nehmen die Blüten der wintergrünen Lenzrosen bereits morbide Grüntöne an, während Blattschmuckstauden wie Funkien, Schaublatt (*Rodgersia*)

oder Silberkerzen (*Cimicifuga*) ihr frisches Laub entfalten und die Farne ihre ersten Wedel abrollen – ein ideales Bühnenbild für späte, Schatten verträgliche Narzissen und Tulpen, Iran-Lauch (*Allium aflatunense*) oder das Hasenglöckchen (*Hyacinthoides hispanica*) mit seinen traubenförmig angeordneten Glockenblüten in Rosa, Weiß oder Blau.

▶ **Hohe Bart-Iris** und Akelei setzen im Mai eindrucksvolle Blütenbilder in die Beete.

◀ **Die lachsrosa Tulpen** ziehen in langen Bändern durch die Buchsbaumspirale.

▲ **Der Flieder** ist perfekt in das fantasievoll bepflanzte Inselbeet integriert.

▼ **Der gerade erblühende Zier-Lauch** bahnt sich zwischen den aparten Blüten der Herzblume und dem grauen Laub der Weidenblättrigen Birne seinen Weg nach oben.

Beete – fit für den Frühling

An sonnigen, milden Wintertagen lockt der nahende Frühling schon so manch ungeduldigen Gärtner nach draußen, um die Beete fit fürs Frühjahr zu machen. Doch auch im März und April ist noch viel zu tun, um den Start des neuen Gartenjahres optimal vorzubereiten.

Abgestorbene Pflanzenteile entfernen

Damit die zarten Vorfrühlingsblüher ungehindert austreiben können, sollten je nach Witterung bis spätestens Anfang März abgestorbene Pflanzenteile entfernt werden. Unter großen Laubgehölzen sehr dicke Laubschichten bereits im Spätherbst beseitigen.

Unattraktives, vertrocknetes Laub an immergrünen Stauden sowie unerwünschte Ausläufer und Pflanzen, die sich zu stark ausgebreitet haben, werden jetzt zurückgeschnitten. Aufkommendes Unkraut sollte regelmäßig entfernt werden. Immergrüne Gräser werden mit den Händen oder einer Harke vorsichtig ausgeputzt. Ein kompletter Rückschnitt ist nur nach sehr frostreichen Wintern, bei stark beschädigtem Laub nötig. Bei allen anderen Gräsern wird im zeitigen Frühjahr das abgestorbene Laub abgeschnitten.

Bodenpflege und Düngung

Nachdem die Beete von Laub, abgestorbenen Pflanzenteilen und Unkraut befreit sind, kann eine 3 bis 5 cm dicke Mulchschicht aus gut verrottetem Kompost aufgebracht werden. Sie sorgt nicht nur für eine natürliche Düngung und Verbesserung der Bodenstruktur, sondern bildet an heißen Frühlingstagen einen idealen Verdunstungsschutz. Am einfachsten lässt sich der Kompost aufbringen, bevor die Frühlingszwiebelblumen und Stauden voll ausgetrieben sind. Freiflächenpflanzungen und Beete im Gehölz- und Gehölzrandbereich sollten nicht umgegraben oder gehackt werden. Die empfindlichen Vorfrühlingsblüher und der erste Austrieb der Stauden können hierdurch gestört werden. Auf Beeten mit anspruchsvollen Prachtstauden kann der Boden vorsichtig mit der Gabel zwischen den einzelnen Pflanzen aufgelockert und dabei gleichzeitig Kompost und

Hornspäne zur Düngung eingearbeitet werden. Stauden mit besonders großem Nährstoffbedarf erhalten eine Extragabe Volldünger. Anschließend kann man eine dünne Mulchschicht aus Rindenschrot oder Kompost aufbringen, um aufkommendes Unkraut zu unterdrücken und die Feuchtigkeit im Boden zu halten.

Wenn möglich sollten organische Dünger wie Kompost, Hornspäne, Knochenmehl oder gut verrotteter Stallmist verwendet werden, denn sie fördern gleichzeitig das Bodenleben und sorgen für eine Verbesserung der Bodenstruktur. Organische Dünger wirken nicht so schnell, dafür aber kontinuierlich. Die Gefahr, Pflanzen durch organische Überdüngung zu schädigen, ist geringer als bei Kunstdünger. Im Handel erhältliche organische Volldünger enthalten alle notwendigen Nährstoffe in organischer Form. Organisch-mineralische Mischdünger vereinen die Vorteile beider Düngungsmethoden in sich.

Stauden, Gräser und Farne teilen und umsetzen

Eine Staudenpflanzung entwickelt oft ihre eigene Dynamik und kann nicht über Jahre sich selbst überlassen werden. Viele Stauden, vor allem aus der Gruppe der Prachtstauden, lassen nach einigen Jahren deutlich in ihrer Blühwilligkeit nach. Andere werden mit den Jahren einfach zu mächtig oder haben sich an Stellen angesiedelt, wo wir sie nicht haben möchten. Vielleicht besteht auch einfach der Wunsch, bestimmte Lieblingspflanzen zu vermehren, um sie in anderen Gartenbereichen zu verwenden oder zu verschenken. Das zeitige Frühjahr von Ende Februar bis Anfang April ist neben dem Herbst der beste Zeitpunkt, um durch Teilen, Abstechen und Verpflanzen wieder Ordnung ins Staudenbeet zu bringen. Allerdings sollten Sie dabei vorsichtig zu Werke gehen, damit eventuell zwischen den Stauden austreibende Zwiebelpflanzen und der frische Austrieb der Stauden nicht beschädigt werden. Die Pflanzen werden mit Spaten oder Grabegabel aufgenommen, von loser Erde befreit und in mehrere kleine Teile zerteilt. Während sich manche Stauden wie Phlox, Aster oder Schafgarbe leicht teilen lassen, muss bei anderen Stauden wie Funkien oder Taglilien zu Messer, Spaten oder Axt gegriffen werden. Der Boden sollte im Bereich der Entnahmestelle vor dem Wiedereinsetzen eines Teilstückes mit Kompost und gutem Boden aufgebessert oder ganz ausgetauscht werden. Auch Gräser und Farne, die zu groß geworden sind oder von der Mitte verkahlen, können jetzt geteilt werden.

Tipps & Tricks

Tulpen haben einen hohen Nährstoffbedarf: Vor dem Pflanzen der Zwiebeln Knochenmehl oder Hornspäne ins Pflanzloch geben und im Herbst organischen Dünger auf den Beeten verteilen. Sobald das Laub erscheint, Volldünger mit hohem Stickstoffanteil geben, nach der Blüte nochmals mit kalibetontem Volldünger versorgen. Nach dem Verblühen die Samenstände samt Stängel abschneiden. Das Laub muss dagegen unbedingt bis zum vollständigen Vergilben erhalten werden.

◄ **Der frische Laubaustrieb** und die zierlichen Blütenstände der wintergrünen Elfenblume kommen am besten zur Geltung, wenn das alte Laub im März komplett zurückgeschnitten wird.

▲ **Im Frühling** entrollen sich die frischen Wedel der Farne und bilden attraktive Blickpunkte im Beet.

► **Stauden und Gehölze,** die zum Umfallen neigen, sollten frühzeitig mit Stützen versehen werden. Das kann bereits im Frühling geschehen, bevor die Pflanzen sich voll entwickelt haben. Diese Stütze aus Zweigen der Haselnuss wird im Hochsommer die üppigen Blüten einer Ball-Hortensie stützen.

▼ **Die ersten Vorfrühlingsblüher** schieben oft schon Ende Februar ihre Spitzen aus dem Boden. Unter Gehölzen behindern häufig dicke Laubschichten ihren Austrieb. Sie sollten daher rechtzeitig im Herbst oder Spätwinter entfernt werden.

Schritt für Schritt zum Traumbeet

Wenn aus den Wünschen und Ideen für Ihr persönliches Traumbeet konkrete Pläne und Pflanzenlisten entstanden sind, kann es an die Umsetzung gehen.

▼ **Dahlien** sind prächtige Knollenpflanzen, die vom Hochsommer bis in den Herbst hinein mit vielgestaltigen Formen und leuchtenden Farben stimmungsvolle Blühaspekte ins Beet setzen. Im Gegensatz zu den Frühlingszwiebelblumen müssen sie aufgrund ihrer Frostempfindlichkeit im Keller überwintert werden. Im späten Frühjahr, wenn kein Frost mehr zu erwarten ist, werden die Knollen in den Boden gesetzt.

Die richtige Pflanzzeit

Stauden im Container können von März bis in den November bei frostfreier Witterung gepflanzt werden. Eine zeitige Pflanzung im Frühjahr ist einer späten Herbstpflanzung jedoch vorzuziehen. Vermeiden Sie die Pflanzung in Hitzperioden, da die Stauden noch nicht in der Lage sind, den verstärkten Wasserbedarf auszugleichen. Bei nassen Böden, z. B. nach starkem Regen, sollte nicht gepflanzt werden, da der Boden beim Betreten sehr schnell verdichtet und das Pflanzen beschwerlich ist. Frühlingszwiebelblumen werden von Ende August bis September jedoch spätestens bis Oktober in den Boden gebracht.

Laubgehölze werden im Frühjahr und ab Oktober bis in den Dezember hinein bei frostfreiem Boden gepflanzt. Gehölze im Container können auch im Sommer gepflanzt werden. Immergrüne Laubgehölze sollten möglichst im September bis Anfang Oktober gepflanzt werden. So können sie bis zum Winterbeginn noch gut einwurzeln und sind widerstandsfähiger gegen Frostschäden. Eine Frühjahrspflanzung ab April ist jedoch einer zu späten Herbstpflanzung vorzuziehen.

Bodenvorbereitung

Eine sorgfältige Bodenvorbereitung ist der Schlüssel für prächtige Beete. Zunächst die vorgesehene Beetfläche mit dem Spaten markieren. Die Konturen von ovalen, runden oder organisch geformten Beeten lassen sich am besten mit einem Seil oder dem Gartenschlauch übertragen. Bei Neuanlagen in Rasenflächen die Grasnarbe abstechen und an anderer Stelle, z. B. auf dem Kompost, lagern. Den Boden durch mehrmaliges Umgraben mit dem Spaten tiefgründig lockern und sorgfältig alle Unkräuter samt Wurzeln entfernen. In weiteren Arbeitsschritten werden die jeweils notwendigen Materialien zur Bodenverbesserung – Sand, Gesteinsmehl oder Kompost und Dünger – eingearbeitet. Die Bodenvorbereitung kann auch schon im Spätherbst des Vorjahres durchgeführt werden.

Pflanzung Schritt für Schritt

Alle Stauden und Gehölze werden zunächst im Container in angemessenem Abstand auf der vorbereiteten Beetfläche ausgelegt. Die Topfballen sollten gut feucht sein – bei Bedarf die Container vorher eine Zeitlang ins Wasser stellen. Die Gehölze werden in Pflanzlöcher doppelter Ballengröße gesetzt, wobei der Bodenaushub mit Kompost und gut verrottetem Stallmist oder organischem Mischdünger angereichert wird. Wurzelnackte Gehölze ohne Erdballen benötigen ebenfalls ausreichend große Pflanzlöcher, in denen die Wurzeln locker ausgebreitet Platz finden und nicht gestaucht werden. Rosen werden so tief gesetzt, dass die Veredelungsstelle etwa 3 cm unter der Bodenoberfläche liegt. Den wieder eingefüllten Boden leicht antreten und einen Gießrand um die Pflanze anlegen.

Die Stauden werden in die mit der Handschaufel ausgehobenen Pflanzlöcher – etwas größer als der Container – gesetzt. In die Pflanzlöcher zuvor eine Handvoll Kompost geben. Entfernen Sie vorsichtig die oberste Erdschicht (höchstens 1 cm) des Wurzelballens, da sich hier oft Unkrautsamen verstecken. Wurzeln, die aus den Löchern des Containerbodens wachsen, können entfernt werden. Auch ein zu dichter Wurzelfilz sollte mit der Hand aufgerissen und gelockert werden. Die Staude ungefähr auf gleicher Höhe in die Erde bringen, in der sie ursprünglich auch im Container gestanden hat. Nach der Pflanzung wird die Erde um die Staude leicht angedrückt. Beginnen Sie mit der Pflanzung so, dass die fertig bepflanzten Bereiche nicht mehr betreten werden müssen. Nach dem Pflanzen jede Pflanze durchdringend mit der Gießkanne angießen, auch wenn es regnet! Hierdurch wird der Boden dicht an die feinen Wurzeln herangespült und die Pflanze kann sich optimal einwurzeln. In den folgenden Monaten bei anhaltender Trockenheit abends regelmäßig und ausreichend wässern. Eine nach der Pflanzung aufgebrachte Mulchdecke hält die Feuchtigkeit länger im Boden und gleichzeitig das Unkraut in Schach. Als Mulchmaterial eignen sich Kiefernrindenprodukte in feiner Körnung (z. B. 8 bis 20 mm) oder bereits kompostierter Rindenhumus. Die Schichtdicke sollte 3 bis 5 cm betragen. Das Mulchmaterial wird in kleinen Mengen zwischen den Pflanzen aufgebracht und vorsichtig verteilt. Die Triebe der jungen Stauden dürfen dabei nicht zu stark überdeckt werden.

▲ Die gelblaubige *Hosta*-Hybride 'Fire Island' schiebt sich im Zusammenspiel mit den winzigen, gelben Blüten der Tazetten-Narzissen 'Minnow', dem cremegelb panaschierten Laub des Kaukasusvergissmeinnichts 'Hadspen Cream' und den blauen Blüten des Schneeglanz durch die Mulchdecke aus feinem Kiefernrindenschrot.

▼ Ein neu bepflanztes Beet im Halbschatten eines Schneeballs. Noch sind große freie Flächen zwischen den Stauden vorhanden, doch in ein bis zwei Jahren werden sich Elfenblumen, Taglilien, Funkien und andere Schattenstauden zu ihrer vollen Größe entwickelt haben und das Beet vollständig bedecken.

Bunter Blütenteppich im Vorfrühling

Die unzähligen kleinen Blüten der Vorfrühlingsblüher legen sich wie ein dicht gewebter Teppich unter eine Felsenbirne, die im April mit weißen Blütentrauben und kupferfarbenem Blattaustrieb das Frühlingsbild perfekt macht. Das Beet hat aber auch zu anderen Jahreszeiten einiges zu bieten.

Das Vorfrühlingsbeet (1,50 x 2,50 m) wird so platziert, dass es auch aus dem Haus heraus immer im Blick ist, zum Beispiel direkt vor der Terrasse, neben dem Hauseingang oder im Vorgarten. Das Beet benötigt einen sonnigen bis halbschattigen Standort und lockeren, humusreichen Boden. Es kann auch unter einem bereits vorhandenen Laubgehölz angelegt werden, dann wird die Felsenbirne im Pflanzplan einfach weggelassen (Lebensbereich: Gehölz G, Gehölzrand GR).

VORFRÜHLING: Die zarten, gefüllten Blüten des Schneeglöckchens 'Flore Pleno' öffnen sich in milden Wintern oft schon ab Ende Januar. Zusammen mit den gelben Blütenschalen des Winterlings und den karmesinroten Blüten des Frühlings-Alpenveilchens bilden sie den ersten Farbklang im neuen Gartenjahr. Auch die Orientalische Lenzrose erhebt bereits früh im Jahr ihre nickenden Schalenblüten in Rosa- und Rottönen über das wintergrüne Laub. Im Februar und März haben Frühlings-Krokusse, Leberblümchen, Strahlen-Anemonen und Traubenhyazinthen ihren großen Auftritt und überziehen das Beet mit einem blauen Blütenschleier. Sie bilden zusammen mit den gelben Mini-Trompeten der Cyclamineus-Narzissen 'Jack Snipe' und den roten Blüten der frühen Kaufmannia-na-Tulpen 'Showwinner' einen leuchtenden Farbdreiklang. Die rosa Blütensterne des Schneeglanzes umspielen das pflaumenfarbige Laub des Purpurglöckchens 'Plum Pudding', das mit seiner silbrigen Blattzeichnung schon den ganzen Winter über für attraktive Farbtupfer im Beet gesorgt hat. Der Lerchensporn tanzt von März bis April in Farbtönen von Rosa bis Violett durchs Beet und läutet den Ausklang des Vorfrühlings ein. Bald werden viele der Vorfrühlingsblüher ihre Blätter einziehen. Über die freien Beetflächen legen die nach und nach austreibenden Stauden eine frische Decke aus attraktivem Laub, das die bald folgenden späteren Frühlingsblüher zart umspielen wird.

FRÜHLING: Im April wechselt der Farbklang. Nun öffnen sich die purpurvioletten Blüten der Triumph-Tulpen 'Attila'. Das frisch austreibende Laub der Elfenblume mit schöner, weinroter Blattzeichnung schiebt sich über die zarten, rot-weißen Blüten. Später gesellen sich die Darwin-Tulpen 'Pink Impression' mit rosa Blüten dazu. Sie erheben sich auf straffen Stielen elegant über das dunkelrot austreibende Laub der Oktober-Silberkerze 'Brunette' und den frischen Blattaustrieb der Funkien. In der obersten Beetetage schwebt wie ein zarter silbrig roter Schleier der zarte Laubaustrieb der Kupfer-Felsenbirne. Aus ihren Ende April erscheinenden weißen Blütentrauben entwickeln sich später bläulich schwarze, saftige Früchte, die nicht nur viele Vögel zum Naschen einladen, sondern auch uns köstlich schmecken.

Im Mai setzen die etwas altmodisch wirkenden Blütenstände der Herzblume zusammen mit den violettblauen, gespornten Blütenköpfen der Akelei einen neuen

Blühaspekt ins Beet, der uns bis in den Frühsommer hinein begleitet. Wenn man sie lässt, verbreitet sich die Akelei mit den Jahren über das ganze Beet und überrascht uns jedes Jahr an neuen Plätzen. Ein „Wanderer" ist auch der Iran-Lauch, der im Mai seine Blütenkugeln entfaltet. Die von hellblauen Blütenschleiern umspielten, gelb gerandeten Blätter des Kaukasusvergissmeinnicht bilden zusammen mit den gelben Blütendolden der Schlüsselblume und den rosablauen Blüten des Lungenkrautes 'Roy Davidson' über apartem, weiß geflecktem Laub eine spannungsreiche Frühlingsgesellschaft.

SOMMER: Im Juni und Juli ist das Beet ein ruhiger Gegenpol zu der übrigen Blütenfülle in anderen Gartenbereichen. Es wirkt durch schöne Blattfarben und -strukturen und bereitet sich auf seinen nächsten großen Auftritt vor. Anfang August beginnt das Blühen von Neuem, denn nun er-

▲ **Das Gefüllte Schneeglöck-chen** verströmt einen zarten, weit streichenden Frühlingsduft und bildet durch Brutzwiebeln und Selbstaussaat mit den Jahren viele kleine Sträußchen.

▼ **Der Winterling** ist ein idealer Begleiter des Schneeglöckchens. Er fühlt sich in humosen, lehmigen Böden wohl und bildet durch Selbstaussaat große Kolonien.

Pflanzrezept

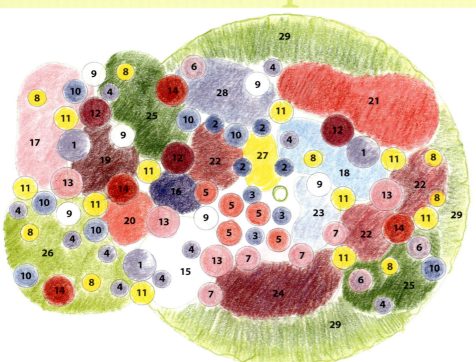

▲ **Im Mai,** wenn sich die Vc
frühlingsblüher zurückziehe
setzt die Engelstränen-Narzis
'Hawera' mit ihren zierliche
gelben Blüten neue Blühaspe
te ins Bec

◄ **Zu den Frühstartern** gehö
auch die Strahlen-Anemor
'Blue Shades', die in variiere
den Blautönen blüht ur
sommertrockene Beete unte
Gehölzen bevorzug

Nr.	Pfl.*	Ges.**	Botanischer Name	Deutscher Name	Blüte / Monat	Höhe / cm
Zwiebel- und Knollenpflanzen						
1	5	15	*Allium aflatunense*	Iran-Lauch	V	70
2	5	20	*Anemone blanda* 'Blue Shades'	Strahlen-Anemone	III–IV	5
3	10	30	*Crocus speciosus*	Herbstblühender Krokus	XI–XII	10
4	5	50	*Crocus vernus* 'Vanguard'	Frühlings-Krokus	III	15
5	1	5	*Cyclamen coum*	Frühlings-Alpenveilchen	II–III	5–10
6	5	15	*Corydalis cava*	Lerchensporn	III	20
7	5	20	*Chionodoxa* 'Pink Giant'	Schneeglanz	III	20
8	5	40	*Eranthis hyemalis*	Winterling	II–III	5
9	10	60	*Galanthus nivalis* 'Flore Pleno'	Gefülltes Schneeglöckchen	II–III	10
10	5	30	*Muscari azureum*	Traubenhyazinthe	II–III	15
11	5	50	*Narcissus* 'Jack Snipe'	Cyclamineus Narzisse	II–III	25
12	5	15	*Tulipa* 'Attila'	Triumph-Tulpe	IV–V	45
13	5	20	*Tulipa* 'Pink Impression'	Darwin-Tulpe	IV–V	45
14	4	20	*Tulipa kaufmanniana* 'Showwinner'	Kaufmanniana-Tulpe	III–IV	20
Stauden						
15	1	1	*Anemone-Japonica*-Hybride 'Honorine Jobert'	Herbst-Anemone	VIII–X	90
16	1	1	*Aquilegia vulgaris*	Akelei	V–VI	60
17	3	3	*Astilbe chinensis* var. *pumila*	Prachtspiere	VIII–IX	25–30
18	2	2	*Brunnera macrophylla* 'Hadspen Cream'	Kaukasusvergissmeinnicht	IV–VI	30–40
19	1	1	*Cimicifuga simplex* 'Brunette'	Dunkle Oktober-Silberkerze	IX–X	140
20	1	1	*Dicentra spectabilis*	Herzblume	V–VI	70
21	3	3	*Epimedium x rubrum*	Elfenblume	IV–V	20–30
22	1	3	*Helleborus-Orientalis*-Hybride	Orientalische Lenzrose	II–IV	40
23	3	3	*Hepatica transsylvanica* 'Buis'	Leberblümchen	II–IV	15
24	2	2	*Heuchera*-Hybride 'Plum Pudding'	Purpurglöckchen	VII–VIII	20
25	2	4	*Hosta*-Hybride 'Harry van Trier'	Funkie	VI–VII	15–20
26	1	1	*Hosta* 'Sum and Substance'	Wachsblatt-Funkie	VIII–IX	60–80
27	2	2	*Primula veris*	Echte Schlüsselblume	IV–V	15–20
28	2	2	*Pulmonaria*-Hybride 'Roy Davidson'	Lungenkraut	III–V	20
Gehölze						
29	1	1	*Amelanchier lamarckii*	Kupfer-Felsenbirne	IV	400

*Anzahl der Pflanzen pro Pflanzstelle ** Gesamt-Anzahl der für das Beet benötigten Pflanzen

scheinen die Blütenrispen der Astilben in schönem Violettrosa und über den riesigen hellgrünen Blättern der Wachsblatt-Funkie 'Sum and Substance' erheben sich straffe Blütenstände mit zart lavendelfarbenen Blüten. Auch die Herbst-Anemone öffnet Ende August ihre ersten weißen Blüten-schalen, die uns bis in den Oktober hinein in der nun immer früher einsetzenden Dämmerung schon aus der Ferne entgegen-leuchten.

HERBST: Ende September beginnt die Kupfer-Felsenbirne sich ihr spektakuläres Herbstkleid in leuchtenden Orange- und Gelbtönen überzustreifen. Die Oktober-Sil-berkerze 'Brunette' öffnet ihre weißen, duf-tigen Blütenkerzen, die einen ausdrucks-starken Kontrast zu ihrem schwarzroten Laub bilden. In der untersten Beetetage leuchten zwischen dem schön gezeichne-ten Laub des Frühlings-Alpenveilchens die strahlend blauen Blüten des herbstblühen-den Krokus.

WINTER: Nachdem Ende Oktober die letz-ten Blüten verwelkt sind, wirkt das Beet im Spätherbst und Winter durch die braunen,

▶ Die Trompeten-Narzisse 'Mount Hood' öffnet ihre rahmweißen Blüten bereits im März und verleiht dem Vorfrühlingsbeet eine elegante Note.

▼ Die Triumph-Tulpe 'Attila' ist bereits bevor sie im April in voller Blüte steht ein attraktiver Blickpunkt im Frühlingsbeet.

Pflanzen zum Ergänzen und Variieren

▶ **Stauden**

Herbst-Eisenhut (*Aconitum carmichaelii* 'Arendsii')

Herbst-Anemone (*Anemone-Japonica*-Hybride 'Bressingham Glow')

Kaukasusvergissmeinnicht (*Brunnera macrophylla* 'Mr. Morse')

Purpur-Wolfsmilch (*Euphorbia polychroma* 'Purpurea')

Schwefel-Elfenblume (*Epimedium x versicolor* 'Sulphureum')

Taglilie (*Hemerocallis* 'Little Wine Cup', 'Minor')

Wachsglocke (*Kirengeshoma palmata*)

Frühlings-Platterbse (*Lathyrus vernus* 'Alboroseus')

Schmaler Filigranfarn (*Polystichum setiferum* 'Proliferum')

Kugel-Primel (*Primula denticulata* 'Blaue Auslese')

Schaublatt (*Rodgersia pinnata* 'Henrici')

▶ **Zwiebelpflanzen und Knollen**

Buschwindröschen (*Anemone nemorosa* 'Robinsoniana')

Herbstzeitlose (*Colchicum autumnale* 'Pleniflorum')

Elfen-Krokus (*Crocus tommasinianus*)

Narzissen (*Narcissus* 'February Silver', 'Hawera', 'Mount Hood')

Horn-Tulpe (*Tulipa acuminata*)

Damen-Tulpe (*Tulipa clusiana* 'Cynthia')

Zwerg-Sterntulpe (*Tulipa tarda*)

▶ **Gehölze**

Kolchischer Gold-Ahorn (*Acer cappadocicum* 'Aureum')

Perückenstrauch (*Cotinus dummeri* 'Grace')

Zaubernuss (*Hamamelis x intermedia* 'Arnold Promise')

---

morbiden Farbtöne des abgestorbenen Laubes und spannungsreiche Strukturen emporragender, vertrockneter Blütenstände.

Pflege rund ums Jahr

FRÜHLING: Bis spätestens Anfang März sollten alle größeren, abgestorbenen Pflanzenteile vom Beet entfernt werden, denn sie könnten den Austrieb der zarten Vorfrühlingsblüher behindern. Vertrocknetes Laub der wintergrünen Stauden wie Elfenblume, Lenzrose und Purpurglöckchen zurückschneiden. Das Laub der Felsenbirne sollte möglichst auf dem Beet belassen werden und dort verrotten. Das nach der Blüte einziehende Laub der Zwiebelpflanzen nicht abschneiden, bevor es ganz vergilbt ist. Verblühte Blüten der

späten Darwin- und Triumph-Tulpen können sofort abgeschnitten werden, um eine kräftezehrende Samenbildung zu verhindern. Aufkommendes Unkraut regelmäßig entfernen.

SOMMER: Bei anhaltenden Trockenperioden und großer Hitze sollten vor allem Prachtspiere, Oktober-Silberkerze und Herbst-Anemone gegossen werden, damit sie üppig blühen und ihr Laub nicht vertrocknet. Hat sich die Akelei mit den Jahren zu stark ausgebreitet, werden Sämlinge regelmäßig entfernt und abgeblühte Blütenstände abgeschnitten.

WINTER: Die dekorativen Samenstände von Prachtspiere, Herbst-Anemone und Silberkerze sollten erst Ende Februar zurückgeschnitten werden.

Sonnige Frühlingsinsel

Auf diesem Inselbeet mit Blühhöhepunkt im späten Frühling wachsen Stauden, Zwiebelpflanzen und mediterrane Halbsträucher, denen Trockenheit und Hitze im Sommer nichts ausmachen. Das Farbspiel von Blauviolett über Rosa und Karminrot bis zu leuchtendem Gelb und gedecktem Braunrot beeindruckt über das ganze Jahr.

Die sonnige, ovale Frühlingsinsel (Längsdurchmesser 3 m) wirkt besonders attraktiv in einem Kiesgarten oder innerhalb einer größeren, gepflasterten Fläche, z. B. der Terrasse am Haus. Sie kann aber auch in einer Rasenfläche schön zur Wirkung gebracht werden, indem sie einen Rahmen aus polygonalen Natursteinplatten erhält oder in Teilbereichen von einer niedrigen Trockenmauer umgeben ist. Der

Boden sollte gut durchlässig, locker und nicht zu nährstoffreich sein (Lebensbereich Freifläche Fr 1–2).

VORFRÜHLING: Von Februar bis März legen sich zierliche Vorfrühlingsblüher wie Netzblatt-Iris 'Harmony', Gold-Krokus und Botanische Tulpe 'Lilac Wonder' in einem bunten Blütenschleier über das Beet und leiten den Frühling ein.

FRÜHLING: Ende April öffnen sich die grünweißen Knospen der Triumph-Tulpe 'New Design' über edlem, weiß gerandetem Laub. Etwas später gesellen sich die eleganten Blüten der Lilienblütigen Tulpe 'Ballade' in dunklem Magenta mit leuchtend weißem Rand dazu. Im Staudenreich eröffnete die Küchenschelle mit ihren violetten Glockenblüten bereits im März den Blütenreigen. Jetzt im Mai trumpft sie nochmals mit federigen Blütenständen in zarten Silbertönen auf. Die ausdrucksstarken Blütenbälle des Riesen-Zier-Lauchs 'Gladiator' erheben sich auf straffen, dicken Stielen über die lila Lippenblüten der Katzenminze 'Walkers Low'. Im Beetvordergrund bilden die Blüten des Blutstorch-

schnabels 'Elsbeth' in zartem Magenta leuchtende Blütenteppiche, die bis in den Spätsommer hinein attraktiv bleiben.

Ende Mai entfaltet der Orientalische Mohn 'Patty's Plum' seine fragilen Blüten in morbidem Pflaumenblau und bildet einen spannungsreichen Kontrast zu dem feinen Laub des Silberährengrases 'Algäu'. Wahre Eyecatcher sind die bis zu 2 m hohen Blütenstände der imposanten Steppenkerze, deren kleine weißrosa Einzelblütchen sich ab Anfang Mai öffnen und einen zarten Duft verströmen. Die Hohe Bart-Iris öffnet Ende Mai ihre ersten Blüten in zartem Blauviolett über straffem graublauem Laub, das ausdruckstarke, vertikale Akzente ins Beet setzt.

SOMMER: Ab Anfang Juni setzt die Essig-Rose 'Versicolor' ein neues Highlight ins Beet. Ihre Begleiter sind zitronengelbe und rosafarbene Blütendolden der Schafgarben, die das Beet zusammen mit den duftigen, leuchtend rosa Blütenköpfen der Flockenblume 'John Coutts' durchziehen. Der Steppen-Salbei 'Caradonna' mit seinen tiefvioletten Blüten an dunklen, fast schwarzen Stielen, bildet im Frühsommer

◄ **Tulpe** *Tulipa* 'New Design'

▲ **Das früh austreibende Laub** der Flockenblume 'John Coutts' bildet einen schönen Hintergrund für die Frühlingsblüher. Später erfreut sie mit fedrigen, rosa Blütenköpfen.

► **Mohn** *Papaver* 'Patty's Plum'

Pflanzrezept

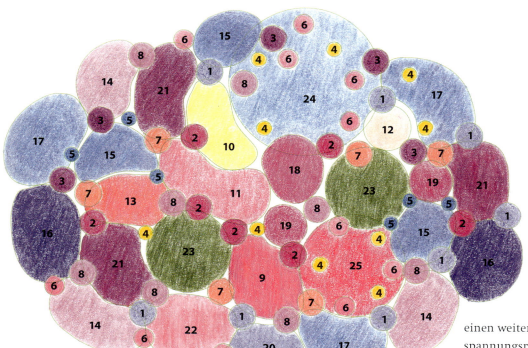

einen weiteren Blickpunkt und steht in spannungsreichem Kontrast zu den tief purpurvioletten Blütenbällen des Zier-Lauchs 'Purple Sensation', die auf straffen Stielen über dem Beet schweben. Die lockeren, amethystfarbenen Blütenbälle des Sternkugel-Lauchs ziehen in der unteren Beetetage alle Blicke auf sich.

HOCHSOMMER: Im Juli läuten die kompakten Margeritenblüten des Purpur-Sonnenhutes 'Rosenelfe' in leuchtendem Pink den Hochsommer ein, begleitet von den dunkelvioletten Blütenständen des Lavendels 'Hidcote Blue' und den lockeren Blütenbüscheln des Blumen-Dosts 'Herrenhausen' in zartem Purpurrosa. Inzwischen hat sich auch die Bartblume 'Blue Balloon' zu einem imposanten, kugelförmigen Strauch entwickelt und macht so ihrem Sortennamen alle Ehre. Ihre stahlblauen Blüten stehen über schönem graugrünem Laub, das einen herben aromatischen Duft verströmt, wenn man mit der Hand im Vorbeigehen darüberstreicht.

HERBST: Die vertrockneten, kugeligen Blütenstände des Zier-Lauchs geben ab dem Spätsommer bis in den Herbst hinein dem Beet seinen besonderen Charme.

Nr.	Pfl.*	Ges.**	Botanischer Name	Deutscher Name	Blüte / Monat	Höhe / cm
Zwiebelpflanzen						
1	3	24	Allium christophii	Sternkugel-Lauch	VI–VII	40
2	3	21	Allium 'Purple Sensation'	Zier-Lauch	V–VI	90
3	3	15	Allium 'Gladiator'	Riesen-Zier-Lauch	V–VI	150
4	10	100	Crocus flavus	Gold-Krokus	II–III	10
5	10	60	Iris reticulata 'Harmony'	Netzblatt-Iris	II–III	10
6	5	55	Tulipa bakeri 'Lilac Wonder'	Wild-Tulpe	III–IV	15
7	5	30	Tulipa 'New Design'	Triumph-Tulpe	IV–V	50
8	5	40	Tulipa 'Ballade'	Lilienblütige Tulpe	V	50
Stauden						
9	2	2	Achillea-Millefolium-Hybride 'Excel'	Schafgarbe	VI–VIII	60
10	2	2	Achillea filipendulina 'Coronation Gold'	Gold-Schafgarbe	VI–IX	90
11	2	2	Centaurea hypoleuca 'John Coutts'	Flockenblume	VI–VII	60
12	1	1	Eremurus robustus	Steppenkerze	V–VI	220
13	2	2	Echinacea purpurea 'Rosenelfe'	Purpur-Sonnenhut	VII–IX	70
14	2	6	Geranium sanguineum 'Elsbeth'	Blut-Storchschnabel	V–VIII	30–40
15	1	3	Iris barbata-elatior 'St. Louis Blues'	Hohe Bart-Iris	V–VI	90
16	1	2	Lavandula angustifolia 'Hidcote Blue'	Lavendel	VII–VIII	25–40
17	1	3	Nepeta x faassenii 'Walker´s Low'	Katzenminze	V–IX	50–60
18	1	1	Origanum-Laevigatum-Hybride 'Herrenhausen'	Blumen-Dost	VII–IX	60
19	1	2	Papaver orientale 'Patty´s Plum'	Türkischer Mohn	V–VI	70
20	2	2	Pulsatilla vulgaris	Küchenschelle	III–IV	20
21	2	6	Salvia nemorosa 'Caradonna'	Steppen-Salbei	VI–IX	50–60
22	2	2	Stachys byzantina	Woll-Ziest	VI–VII	20–40
23	1	2	Stipa calamagrostis 'Algäu'	Silberährengras	VII–IX	50–70
Gehölze						
24	1	1	Caryopteris clandonensis 'Blue Balloon'	Bartblume	VIII–IX	100
25	1	1	Rosa gallica 'Versicolor'	Essig-Rose	VI	100

*Anzahl der Pflanzen pro Pflanzstelle ** Gesamt-Anzahl der für das Beet benötigten Pflanzen

WINTER: Im Winter wirken die vertrockneten Blütenstände und Blätter der Stauden in erdigen Brauntönen in Verbindung mit der kugeligen Silhouette der Bartblume geradezu malerisch. Überraschen uns dazu an manchen Tagen Raureif, Frost und Schnee, ergeben sich stimmungsvolle Winterbilder. Das immergrüne Laub der Hohen Bart-Iris bringt zusammen mit Lavendel und den wintergrünen Blatthorsten des Silberährengrases auch in der tristen, dunklen Jahreszeit Struktur und Farbe ins Beet.

Pflege rund ums Jahr

FRÜHLING: Die Bartblume im zeitigen Frühjahr bis auf den Boden zurückschneiden. Damit der Lavendel eine kompakte Wuchsform erhält, sollte er jedes Frühjahr bis kurz über dem untersten grünen Trieb zurückgeschnitten werden. Bei Spätfrösten den empfindlichen Austrieb der Steppenkerze mit Tannenreisig oder einem Karton abdecken. Das Laub der Tulpen stehen lassen, bis es ganz vergilbt ist.

SOMMER: Katzenminze und Steppen-Salbei nach der ersten Hauptblüte zurückschneiden, um eine zweite Nachblüte im Herbst anzuregen. Verblühte Blütendolden der Gold-Schafgarbe regelmäßig abschneiden, um die Blütezeit zu verlängern. Sämlinge regelmäßig entfernen, denn sie stören das Gleichgewicht der Pflanzung. Die verblühten Blütenstände der Bart-Iris abschneiden. Das Laub des Türkischen Mohnes nach der Blüte rechtzeitig vor dem Vergilben zurückschneiden, um den Austrieb von frischem Laub anzuregen.

HERBST: Als Winterschutz die Steppenkerze im Spätherbst mit einer dicken Schicht Kompost und Tannenreisig abdecken.

Steppen-Salbei und Katzenminze blühen zum Herbstbeginn zuverlässig ein zweites Mal, wenn sie gleich nach der ersten Blüte zurückgeschnitten wurden. Die silbriggelblichen Blüten des Silberährengrases entfalten nun an bogig überhängenden Halmen ihre ganze Pracht und bilden eine schöne farbliche Ergänzung zum grausilbrigen Laubteppich des Wollziests, während der Sonnenhut unermüdlich, oft bis in den Oktober hinein, immer neue Blüten hervorbringt. Die leuchtenden, roten Hagebutten der Essig-Rose zaubern dazu Herbststimmung ins Beet.

Dekoration

Ungeduldige Frühlingsanbeter tricksen jetzt mit Kreativität und Leidenschaft die Natur ein wenig aus und holen sich mit vorgezogenen Frühlingsblühern üppig blühende Frühlingspracht in den Garten. In großen Kübeln, Körben oder dekorativen Blumentöpfen werden Narzissen, Tulpen, Hyazinthen & Co. zusammen mit anderen Frühlingsblühern wie Primeln, Vergissmeinnicht oder Tausendschönchen zu stimmungsvollen Frühlingsarrangements kombiniert. Jeder Frühlingsblüher kann auch in eigene Blumentöpfe gesetzt werden, die man dann problemlos nach Blütezeiten staffeln und umgruppieren kann. Abgeblühte Topfpflanzen kommen nach hinten, frisch erblühte rücken in die erste Reihe. Auf der Terrasse, einem Gartentisch oder von außen aufs Fensterbrett platziert, haben wir sie auch vom Haus aus immer im Blick. Am Hauseingang sind sie ein frühlingshafter Willkommensgruß, über den sich auch unsere Gäste freuen.

▲ **Wo sich im dichten Wurzelfilz** unter Gehölzen Tulpen und Narzissen schwertun, werden die bunten Frühlingsblüher einfach in Kübel gepflanzt und zu blühenden Frühlingsinseln arrangiert, aufs Beet gestellt.

◄ **Eine harmonische Zweierbeziehung** sind hier Kaiserkrone und Glaskugel eingegangen. Vor dem ruhigen, dunkelgrünen Hintergrund der Buchskugeln fällt das attraktive Frühlingspaar sofort ins Auge.

◄ **Ein ganz besonderer Genuss** ist es, früh morgens durch den eigenen frühlingshaften Garten zu gehen und die Zutaten für einen bunten Frühlingsstrauß zu pflücken. Traubenhyazinthen, Lenzrosen, Lerchensporn, die schwefelgelben Blüten der Elfenblume, Osterglocken en miniature und gefüllte Narzissen mit betörendem Duft sind ein zauberhafter Frühlingsschmuck für den festlich gedeckten Ostertisch.

◄ **Die rostrote** Katze aus Stahl streift um einen dicken Frühlingsstrauß der Cyclamineus-Narzisse 'Jetfire', die mit ihren Aufsehen erregenden, orangeroten Trompeten eine gelungene farbliche Ergänzung bildet. Eine weiche Moosschicht legt sich wie ein Teppich darunter und macht den Auftritt der Frühlingsblüher perfekt.

SOMMER
Die Natur schöpft aus dem Vollen

„Die Liebe zum Gärtnern ist eine Saat, die – einmal gesät – niemals stirbt."

Gertrude Jekyll (1843 – 1932)

Im Juni ist die Freiluftsaison im Garten endgültig eröffnet und auf den Beeten entfaltet sich nach und nach in wechselvollem Spiel die ganze Pracht des Sommers. An langen warmen Sommertagen können wir unser Wohnzimmer im Grünen so richtig genießen, sei es zur Entspannung im Liegestuhl, beim Frühstückskaffee oder zum Feiern mit Freunden in lauen Sommernächten. Pflanzenliebhaber werden mit Lust ins Beet gehen, sich um ihre Blumenschätze kümmern und die Pflanzenpracht mit Liebe und Geduld immer wieder ins rechte Licht rücken.

Juni

Wenn sich die erste Rosenknospe im Garten öffnet, ist das für viele Gartenenthusiasten eine Offenbarung, doch selbst Gartenabstinenzler erliegen dem Zauber der zarten und doch herben, dornenbewehrten Königin der Blumen. Der Juni ist unangefochten der Wonnemonat für Rosenfans, denn jetzt entfalten die meisten Strauch-, Beet- und Ramblerrosen ihre volle Pracht. Im Herbst verwöhnen uns einige noch einmal mit leuchtenden Hagebutten in Orange, Braun oder Schwarz, die sich in herbstlichen Blütenarrangements wundervoll ausmachen.

Attraktive Vertreter aus dem Staudenreich wie der prächtige Hohe Rittersporn, Storchschnabel in vielen Variationen, Katzenminze und die grüngelben Blütenschleier des Frauenmantels sind klassische Rosenbegleiter. Dazu die schlanken Blütenkerzen von Fingerhut und Steppen-Salbei, Glockenblumen in jeder Form sowie die filigranen Silhouetten harmonierender Gräser wie Rutenhirse oder Federgras – und das frühsommerliche Rosenbeet ist perfekt.

▶ **Der Hohe Rittersporn** mit seinen bis zu 2 m hohen, kerzenförmigen Blütenständen in vielfältigen Blautönen ist der Eyecatcher im Junibeet. Je nachdem, welche Pflanzen Sie ihm als Begleiter zur Seite stellen, entstehen unterschiedliche Gartenbilder. In Kombination mit Lupinen, Glockenblumen, Akelei und Pfingstrosen zaubert er ländlichen Cottagegarten-Charme aufs Beet. Sehr edel und elegant wirkt Rittersporn, wenn man ihn in fein abgestuften Ton-in-Ton-Kombinationen unterschiedlicher Sorten in Kontrast zu weiß blühenden Strauchrosen und Taglilien setzt.

▲ **Schwertlilien,** nach ihrem botanischen Namen häufig auch Iris genannt, sind herrliche Frühsommerblüher, die von Mai bis Juni in einer eindrucksvollen Farbpalette ausdrucksstarke Akzente ins Beet setzen. Alle Arten blühen an sonnigen Standorten am üppigsten. Die überaus sortenreiche Bart-Iris (*Iris-Barbata-Hybriden*) fühlt sich an trockenen Standorten am wohlsten. Andere wie die Sibirische Wiesen-Iris (*Iris sibirica*) oder die Japanische Sumpf-Iris (*Iris kaempferi*) bevorzugen dagegen frische bis feuchte Gartenplätze.

▶ **Im Frühsommer** lassen sich die langen, mit zartrosa Blüten besetzten Triebe der Ramblerrose 'Ayrshire Queen' wie Schleier von der Pergola fallen und verleihen der Terrasse ein romantisches Flair. Hinter den formalen Buchskugeln leuchten die weißen, duftenden Blütendolden einer Kletter-Hortensie, die sich zwischen dem grünen Laub des Wilden Weins in die obere Etage windet. Die Blütenkugeln des Zier-Lauchs bieten auch nach dem Verblühen einen schönen Anblick und können daher im Beet stehen bleiben.

◀ **Die lockeren, karminroten Blütenrispen** der Spornblume und die weißen Blütenbälle des Zier-Lauchs sind eine perfekte farbliche Ergänzung für die dicht gefüllten, etwas altmodisch wirkenden, rosa Blüten der Englischen Strauchrose 'Constance Spry'. Im Beetvordergrund öffnet die Moos-Rose 'William Lobb' zaghaft ihre ersten Knospen zu leuchtend karmesinroten Blüten und ergänzt das harmonische Farbenspiel.

Juli

Mit den ausdrucksstarken Blüten der Nordamerikanischen Präriestauden wie Sonnenhut, Sonnenbraut, Flammenblume oder Prachtscharte mischen sich intensiv leuchtende, aber auch warme, erdige Töne in sonnige Beete. Im Zusammenspiel mit den sich nun im Juli nach und nach zu voller Pracht entwickelnden Gräsern ergeben sich im weiteren Verlauf des Sommers bis in den Herbst hinein immer wieder neue, glanzvolle Beethöhepunkte.

In der hochsommerlichen Hitze sind wir jedoch auch sehr dankbar, wenn es im Garten ein kühles, schattiges Plätzchen gibt, an das man sich in den heißen Mittagsstunden zurückziehen kann. Auch hier im lichten Schatten unter Bäumen oder vor hohen, Schatten spendenden Sträuchern lassen sich mit den passenden Stauden und Gehölzen herrliche Beete anlegen, die in hochsommerlicher Blütenpracht wie funkelnde Edelsteine leuchten.

▲ **Taglilien** sind dankbare Gartenstauden. Schon im Frühling bilden sie mit ihrem früh austreibenden Laub einen schönen Hintergrund für Tulpen, Narzissen & Co. Im Sommer beeindrucken sie mit ausdrucksstarken Blüten in vielfältigen Farbstellungen und ihr grasartiges, malerisch überhängendes Laub setzt wirkungsvolle Akzente ins Beet. Bei geschickter Kombination früh und spät blühender Sorten, lässt sich die Blütezeit von Mai bis in den September hinein ausdehnen.

▲ **Einmal quer durch den Garten:** Alles was der eigene Garten im Juli zu bieten hat, wurde in diesem selbst gebundenen Blumenstrauß vereint: Über einem Kranz aus Funkienblättern und gelbgrünen Blütenschleiern des Frauenmantels stehen Garten-Eisenhut, frühe Herbst-Anemonen, Blütenbälle der Bauern-Hortensie in kräftigem Rosa, dunkelviolette Blütenrispen des Sommerflieders, letzte Blüten der Alten Rose 'Maiden's Blush' und die blauen Blütendolden der Schmucklilie.

▲ **Die Sommermargerite** mit ihren großen, gelben Blütenköpfen und den weißen Randblüten ist eine wertvolle Beetstaude, die sich zusammen mit Präriestauden wie Roter Sonnenhut, Flammenblume und Indianernessel nicht nur auf dem Beet, sondern auch im Blumenstrauß herrlich kombinieren lässt.

◄ **Auf diesem Beet zeigt sich der Hochsommer** in kühlen Rot-, Violett- und Pinktönen. Die kraftvolle Pflanzenkomposition aus Flammenblumen mit karminroten Blütenkuppeln, den violetten Blütenkerzen des Blut-Weiderichs, weißen, flachen Dolden der Schafgarbe und den runden, karminrosa Korbblüten des Purpur-Sonnenhutes im Hintergrund erhält durch die variierenden Blütenkugeln des Zier-Lauchs den besonderen Pfiff.

August

Auch im Spätsommer nimmt das Blühen kein Ende. Während das bunte Treiben der Präriestauden andauert, betreten im August attraktive „Spätentwickler" die Gartenbühne und bereichern mit neuen Form- und Farbspielen die Beete. Mediterrane Halbsträucher wie Blauraute oder Bartblume verleihen mit ihren frischen, stahlblauen Blüten Kiesgärten oder trockenen Beeten, auf denen der Lavendel bereits im Verblühen ist, wieder neuen Schwung. Jetzt haben sich auch endlich die filigranen Blütenstände spät blühender Gräser wie Ruten-Hirse oder Bogen-Liebesgras voll entfaltet und verleihen den Beeten mit ihren transparenten Schleiern zusammen mit den ersten frühen Astern einen neuen Zauber. Die spätsommerliche Blütenpracht verleitet geradezu, wenn es auch manchmal schwerfällt, mit der Gartenschere durchs Beet zu gehen und die Schönheiten anschließend in malerisch gebundenen Blumensträußen in eine Vase zu stellen.

▼ **Versteckt hinter den drei großen Buchskugeln** laden die beiden Gartenliegen vor der farbintensiven, spätsommerlichen Beetkulisse zum Entspannen ein. Die lebhafte Blütenpracht aus dunkelroten und purpurvioletten Dahlien, leuchtend gelben Blüten des Sonnenhutes, violetten und karmesinroten Flammenblumen, Rosen und Rotem Sonnenhut, der wirkungsvoll vor der gelblaubigen Buchskugel tanzt, erhält durch die niedrige Buchshecke einen ordnenden, ruhigen Rahmen.

◄ **Die farbenfrohen, duftenden Blütendolden** der Flammenblume sollten auf keinem hochsommerlichen Staudenbeet fehlen. Die große Sortenvielfalt hält eine Farbpalette von leuchtendem Orange, über Blauviolett bis hin zu zartem Rosé bereit. 'Düsterlohe' heißt diese beeindruckende, dunkelviolette Sorte. Damit ihre Blüten nicht ausbleichen, sollte sie einen kühlen, halbschattigen Beetplatz erhalten.

◄ **Das haarfeine Laub** und die grazilen Blütengrannen des Frauenhaargrases (*Nasella tenuissima*) wiegen sich beim leisesten Windzug und umspielen die dunkelgelben Zungenblüten des Sonnenhutes (*Rudbeckia*). Der Purpur-Sonnenhut (*Echinacea*) setzt mit karminrosa Blüten einen lebendigen Farbkontrast dazwischen.

Ein Blumen- und Rosengarten im Cottage-Stil

Die mit Thymianpolstern durchzogenen Terrassen aus Natursteinplatten, eingerahmt von einer mit Rosen und Wildem Wein umrankten Holzpergola, und das Wechselspiel von Gehölzen und üppigen Staudenbeeten erinnern an englische Gärten im Landhausstil. Sie verraten die besondere Liebe der Besitzer zur englischen Gartenkultur.

Der Entwurf für den weitläufigen, über 3000 Quadratmeter großen Garten, stammt von dem Hannoverschen Gartenarchitekten Jens Tippel, doch die Gartenbe-

sitzerin hat ihm mit den Jahren ihre ganz persönliche Note verliehen. Mit Leidenschaft, Kreativität und Mut zu Experimenten mit neuen Pflanzensorten, entstanden Beetkompositionen mit ganz besonderem Charme, die dem Garten im Verlauf der Jahreszeiten immer wieder ein neues Gesicht verleihen.

Ein zentrales Element ist der im Stil englischer Cottagegärten angelegte Blumen- und Rosengarten, der als eigenständiger Gartenraum an die hintere Terrasse anschließt. Geschwungene Kieswege strukturieren ihn und locken auf Entdeckungsspaziergänge zu den vier Inselbee-

▲ **Im Vergehen schön:** Die riesigen Samenstände des Zier-Lauchs 'Globemaster' in morbidem Rosé.

ten und der Rosenlaube, wo an heißen Sommertagen eine Bank im kühlen Schatten zum Verweilen einlädt. Im Juni, wenn auf den Beeten die Portlandrose 'Madame Boll' ihren intensiven süßen Rosenduft verströmt, die anmutige Moschata-Hybride 'Ballerina' mit lockeren Büscheln einfacher zartrosa Blüten den Charme der Wildrosen versprüht und die üppig gefüllten, rosa Blüten der Kletterrose 'Constance Spry' sich über die Rosenlaube ergießen, bietet der Cottagegarten einen überwältigenden Anblick. Der neueste Bepflanzungs-Clou sind die riesigen, violetten Blütenbälle des Zier-Lauchs 'Globemaster', die sich in kleinen Gruppen durch die Inselbeete ziehen und einen spannungsvollen Kontrast zur Rosenblüte bilden.

Doch auch zu den anderen Jahreszeiten überzeugen die Beete durch ein Wechselspiel fein abgestimmter Pflanzenkompositionen aus Stauden, Gräsern, Zwiebelpflanzen und Gehölzen. Die Rosen werden nach der ersten Hauptblüte zurückgeschnitten und haben so mit Beginn des Herbstes im Zusammenspiel mit Astern und den sich nach und nach herbstlich verfärbenden Stauden und Gräsern ihren zweiten glanzvollen Auftritt.

◄ **Fast wie Dornröschen** fühlt man sich, wenn man im Frühsommer durch den Cottagegarten geht und die Rosenlaube erblickt, über die sich jetzt die als Kletterrose gezogene Englische Strauchrose 'Constance Spry' in voller Blütenpracht legt.

▲ **Die gefüllten rosa Tulpen** 'Angelique' ziehen im Frühling über die Inselbeete im Cottagegarten und spielen ihre Rolle als farbliche Gegenspieler zu den fast schwarzen Blüten der Tulpe 'Black Hero' und dem dunkel weinroten Laub von Blut-Berberitzen, Purpurglöckchen und Schwarzem Holunder 'Black Beauty' perfekt.

▶ **Anfang Oktober sind die Gräser,** Stauden und Gehölze bereits von einem herbstlichen Farbschleier in warmen Gold- und Bronzetönen überzogen. Astern setzen in leuchtendem Violett und Rubin kräftige Farbakzente dazu. Doch seinen ganz besonderen Charme erhält der Cottagegarten jetzt durch die üppige, zweite Blüte der Strauchrosen.

▼ **Eine dünne Schneedecke** überzieht an diesem trüben Wintertag die Inselbeete im Cottagegarten. Doch die Gräser, die erst im zeitigen Frühjahr zurückgeschnitten werden, setzen mit ihrem strohgelben Laub warme Farbtupfer dagegen und verleihen dem Gartenraum eine ganz besonders stimmungsvolle Note.

Zeit für Rosen

Das Rosenreich bietet eine unüberschaubare Vielfalt: von den zerzausten grünen Miniblüten der kuriosen *Rosa chinensis* 'Viridiflora' über die panaschierten Blüten der legendären Rosa Mundi (*Rosa gallica* 'Versicolor'), bis hin zu modernen Romantikrosen, die den Flair der Historischen Rosen mit ausdauernder Blüte und hoher Blattgesundheit verbinden. Selbst bisher unerreichte Farben rücken mit den blaublütigen 'Rhapsody in Blue' oder 'Shocking Blue' in greifbare Nähe.

Tipps & Tricks

Der Rosenreigen beginnt in warmen Gegenden manchmal schon Ende April mit den ersten gelben Blüten der Bibernellrose (*Rosa pimpinellifolia*) und ihren Hybriden, beispielsweise 'Frühlingsduft' oder 'Maigold'.

Rambler und Kletterrosen

Die wüchsigen Rambler mit ihren langen, biegsamen Trieben und den duftigen Blütenbüscheln erobern in kurzer Zeit die Blütenräume in den oberen Etagen des Gartens, überziehen mühelos Spaliere, Pergolen oder Obeliske und kaschieren mit Leichtigkeit unansehnliche Gebäudeteile oder werfen ausgewachsenen Obstbäumen ein zweites Blütenkleid über. Die meisten Rambler blühen leider nur einmal im Jahr, doch es gibt auch einige öfterblühende

oder sicher remontierende Sorten, die uns später im Sommer ein zweites Mal mit ihren duftenden Blüten verwöhnen. Setzen Sie am besten länger blühende Kletterpartner, wie Waldreben (Clematis) dazu oder kombinieren Sie zwei Ramblerrosen mit früher und später Blütezeit.

Die öfterblühenden, modernen Kletterrosen haben dagegen steifere Triebe und klettern recht zahm nicht höher als zwei bis drei Meter. Ihre großen edlen Blüten stehen häufig einzeln und erscheinen

bei vielen Sorten zuverlässig den ganzen Sommer über. Werden Sorten in unterschiedlichen Farben und Blütenformen kombiniert, entstehen reizvolle Anblicke. Spielen sie mit gefüllten und einfachen, großen oder zierlichen Blüten, mit zarten Ton-in-Ton-Kombinationen oder starken Kontrasten.

Rosen im Staudenbeet

Mit ihrem niedrigen, kompakten Wuchs und üppigen Blütenbüscheln, die den ganzen Sommer über erscheinen, sind Beetrosen wahre Multitalente. Eine große Sortenvielfalt mit gefüllten und ungefüllten Blüten in allen erdenklichen Farbtönen verleitet zu unterschiedlichen Arrangements mit Gräsern, Blütenstauden und Sommerblumen. Dicht an dicht in größeren Gruppen gepflanzt, bilden sie wogende Blütenmeere in allen erdenklichen Farbspielen. Im Staudenbeet sorgen sie einzeln oder in kleinen Gruppen für romantische Stimmung und eine abwechslungsreiche Strukturierung.

Die modernen öfterblühenden Zierstrauchrosen sind die großen Schwestern der Beetrosen. Sie bilden attraktive Blickpunkte in größeren Staudenbeeten, können aber auch einzeln oder in kleinen Gruppen frei auf dem Rasen oder in Pflasterflächen stehen. Sie lassen sich auch gut zu dichten Dornröschenhecken kombinieren. Alte oder Historische Rosen besitzen den Charme ihrer Vorfahren, der Wildrosen, blühen wie diese jedoch meist nur einmal im Jahr, wie die zartrosa blühende Alba-Rose 'Maiden's Blush'.

Bodendecker- oder Kleinstrauchrosen

Diese robusten Rosenvertreter mit buschigem, niederliegendem oder bogig überhängendem Wuchs überziehen ganze Beete und Hänge in kürzester Zeit mit einem dichten Blütenteppich, legen sich gekonnt malerisch über Mauerkronen und Stufen und machen auch im Staudenbeet stets ein gutes Bild. Sie sind pflegeleicht und lassen Unkraut kaum eine Chance.

◄ **Steppen-Salbei, Storchschnabel und Frauenmantel** umspielen eine Kletterrose im Abendlicht; zwischen den Natursteinplatten erblühen die Thymianpolster.

▲ **Ramblerrosen** erklimmen die oberen Beetetagen und legen sich wie Girlanden über die Gehölze.

► **Die gestreiften Blüten der Gallica-Rose 'Rosa Mundi'** und die rosavioletten Dolden der Schafgarbe bilden ein perfektes Blütenpaar.

▼ **Die robuste Alba-Rose 'Maiden's Blush'** verzaubert mit rosa überhauchten Blüten und intensivem Duft.

Highlights im Staudenbeet

Eine der Hauptrollen im Juni-Beet spielt unübersehbar der prächtige Rittersporn mit seinen imposanten Blütenkerzen in vielfältigen Blau- und Violetttönen, vom klaren Hellblau der *Delphinium*-Sorte 'Gletscherwasser' bis zum tiefen Violettblau von 'Tempelgong'.

Frühe Taglilien-Sorten wie die aparte *Hemerocallis* 'Moonlight Masquerade' oder 'Always Afternoon' in leuchtendem Lavendelrosa öffnen jetzt jeden Tag frische neue Blüten, und die üppigen Blütenbälle spät blühender Pfingstrosen beugen sich schwer über glänzend dunkelgrünes Laub. Sie bilden einen spannungsvollen Kontrast zu den straff aufrechten Blütenständen von Pfirsichblättriger Glockenblume und Akelei, die munter durchs Beet tanzen. Auf sonnigen Beeten schießen jetzt auch die

Blütenkerzen des Steppen-Salbei empor, begleitet von filigranen Blütenschleiern von Katzenminze, Frauenmantel und den flachen Doldenblüten der Schafgarben. Der Zier-Lauch betritt die Gartenbühne in vielen, attraktiven Formen und Farben wie dem Kugel-Lauch (*Allium sphaerocephalon*) mit zierlichen, kegelförmigen Doldenblüten in dunklem Purpur, die am schönsten wirken, wenn sie sich in größeren Gruppen zwischen gleichzeitig blühende Stauden mischen. Storchschnabel in vielfältigen Arten und Sorten legt sich in üppigen Blütenkissen vor und zwischen Rosen und andere Stauden oder spinnt sich mit langen, dünnen Blütenarmen malerisch dazwischen.

Die Blütezeit vieler Staudenarten lässt sich durch geschickte Sortenwahl erheblich ausdehnen, und durch Kombination verschiedener Sorten einer Art entstehen wechselnde, traumhaft schöne Farbwirkungen. Versuchen Sie es doch einmal mit einer Komposition unterschiedlicher Steppen-Salbei-Sorten, zum Beispiel hohe *Salvia nemorosa* 'Amethyst' in Purpurviolett zusammen mit 'Caradonna', die durch dunkelviolette Blüten an fast schwarzen Blütenstielen Aufsehen erregt, den kräftig violettroten Blütenständen von 'Pusztaflamme' und der niedrigeren, in hellem bläulichem Lila blühenden 'Blauhügel'. Dazu passen die Doldenblüten der Schafgarbe 'Credo' oder 'Hannelore Pfahl' in zarten Gelbtönen und die rosavioletten, in Etagen angeordneten Blütenquirle des Brandkrauts 'Amazone' (*Phlomis tuberosa*). Setzen Sie einige ausdauernd blühende Storchschnabelpflanzen wie *Geranium* 'Rozanne' mit blauvioletten Blütenschalen oder 'Tiny Monster' in gewagtem, leuchtendem Karminrot dazu und lassen Sie über allem einige große Blütenkugeln des Zier-Lauchs 'Purple Sensation' in tiefem Purpurviolett tanzen.

Zutaten für ein samtigrotes Frühsommerbeet

Pflanzen Sie die modernen Austin Rosen 'Munstead Wood' und 'William Shakespeare' mit gefüllten, samtigroten Blüten, dazu die halbgefüllte historische 'Tuscany'. Lassen Sie ein Meer von Schafgarbe wie *Achillea* 'Belle Epoque', 'Lilac Beauty' und 'Sammetriese' um sie tanzen. Fügen Sie dann einige Steppen-Salbei 'Caradonna', Schwertlilien 'Rosalie Figge' und Türkischen Mohn 'Karine' sowie 'Glowing Rose' hinzu. Für kontrastreiche Schärfe sorgen die flachen Blüten des Roten Sonnenhutes 'Fatal Attraction' die weißen Blütenkugeln von Zier-Lauch 'Mount Everest' und Storchschnabel 'Jolly Bee' in leuchtendem Blau. Wer mag, setzt im Frühling noch einige Knollen der Pompon-Dahlie 'Franz Kafka' dazwischen. Ziehen Sie dann noch einige Fingerhüte 'Excelsior-Hybriden' und Rittersporn 'Tempelgong' darunter. Fertig ist das Junibeet. Als Auftakt für den Frühling eignen sich geschwungene Bänder aus den Tulpen 'Black Hero' und 'White Elegance'.

Pflanzentipps für den Sommer

▶ **Bewährte Sorten des Hohen Rittersporns (*Delphinium-Elatum*-Hybriden)**

'Abgesang': 160 cm, violettblau mit Weiß, sehr späte Blüte

'Augenweide': 150 cm, hellblau

'Berghimmel': 180 cm, hellblau mit weißem Auge, früh blühend

'Finsteraarhorn': 160 cm, violettblau

'Faust': 120 cm, dunkelblau

'Lanzenträger': 180 cm, enzianblau mit Weiß

'Ouvertüre': 160 cm, mittelblau mit Rosa, früh blühend

'Perlmutterbaum': 170 cm, hellblau mit Perlmuttschimmer

'Polarnacht': 150 cm, tief enzianblau

'Sommernachtstraum': 130 cm, tief violettblau, schwarzes Auge

▶ **Attraktive Blütengehölze im Juni**

Hänge-Sommerflieder (*Buddleja alternifolia*)

Roter Blumen-Hartriegel (*Cornus florida rubra*)

Japanischer Blumen-Hartriegel (*Cornus kousa*)

Hoher Sternchenstrauch (*Deutzia magnifica* 'Tourbillon Rouge')

Sommer-Magnolie (*Magnolia sieboldii*)

Falscher Jasmin (*Philadelphus* 'Dame Blanche')

Japanische Spiere (*Spiraea japonica* 'Zigeunerblut')

Weigelie (*Weigelia florida* 'Suzanne')

◀ **Die riesigen Kugeln des Zier-Lauchs 'Globemaster'** sind auch verblüht immer noch eine Attraktion im Beet und bilden einen atemberaubenden Formenkontrast zu den violetten Blütenkerzen des Salbeis.

▶ **Rittersporn** gehört zu den anspruchsvolleren Beetstauden. Er liebt nicht zu heiße Standorte mit frischen, nährstoffreichen, tiefgründigen Lehmböden.'Ouvertüre' ist eine bewährte, sehr früh blühende Sorte.

Des Sommers ganze Fülle

Der Hochsommer hält mit Hitze und intensiven Sonnenstrahlen Einzug in unsere Gärten. Eine Vielzahl neuer Stauden und Gehölze erblüht jetzt in lebendigen Farbklängen.

Blütenhighlights im Juligarten

Im Juli öffnen die aus den nordamerikanischen Prärien stammenden prächtigen Großstauden wie Sonnenhut (*Rudbeckia*), Sonnenbraut (*Helenium*) oder Sonnenauge (*Heliopsis*) ihre attraktiven Margeritenblüten und verbreiten einen Hauch von „Indian Summer". Alle lieben freie, sonnige Standorte mit nährstoffreichen, nicht zu trockenen Böden. Mit warmen, leuchtenden Farben von hellem Schwefelgelb über feurige Rot- und Orangetöne bis hin zu gedecktem Braunrot spiegeln sie die Wärme des Hochsommers wider. Sie verleiten oft bis in den Herbst hinein zu Farbenspielen in warmen Ton-in-Ton-Harmonien, aber auch zu gewagten Kontrasten mit kühlem Blau, Rosa und Violett. Ihre volle Wirkung entwickeln sie in spannungsvollen Formenkontrasten mit geeigneten Blühpartnern

wie den kuppelförmigen Doldenblüten der Flammenblumen (*Phlox paniculata*), den zu dichten Blütendecken verwobenen, flachen Blütenschirmen der Schafgarben (*Achillea*), den gelben Blütenrispen der Goldrute (*Solidago*-Hybriden), den hoch schwebenden, weinroten Dolden der Engelwurz (*Angelica gigas*) oder den Blütenquirlen der Indianernessel in bläulichem Lila, dunklem Violett, Orange oder intensivem Rot. Eine wunderbare Ergänzung bildet der Purpur-Sonnenhut (*Echinacea*) in weiß blühenden Sorten wie 'Jade' oder 'Coconut Lime' und in kräftigen Rosatönen wie 'Vintage Wine' oder 'Rubinstern'. Wer Mut zu gewagten Farbkombinationen hat, wählt die neueren Sorten 'Green Envy', 'Art's Pride', 'Sunset' oder 'Sundown' in Orange- und Gelbtönen und setzt das fein gefiederte, rötliche Laub des Bronze-Fenchels (*Foeniculum vulgare* 'Rubrum') dazu. Die letzten hohen Blütenkerzen des Rittersporns setzen zusammen mit den schlanken Ähren des Wiesen-Ehrenpreis (*Veronica longifolia*) in intensivem Blau oder Violett vertikale Strukturen dagegen. Taglilien mit überhängendem Wuchs und ausdrucksstarken Blüten sorgen rhythmisch verteilt für Ruhe im Beet. Verzichten Sie nicht auf hohe Gräser wie Ruten-Hirse (*Panicum*) oder Reitgras (*Calamagrostis*). Sie bringen zusätzlich Struktur ins Beet und zaubern mit ihren filigranen Blütenständen aufregende Lichtreflexe. Wer mag, setzt farblich passende Beet- oder Zierstrauchrosen, Präriemalven (Sidalcea) in kräftigen Farbtönen, z. B. 'Brillant', und

▲ **Die Teller-Hortensie,** eine Spielart der Bauern-Hortensie, besitzt mit ihren flachen Dolden und den dekorativen Randblüten einen natürlichen Charme.

▼ **Der Purpur-Sonnenhut,** hier die Sorte 'Alba', sollte auf keinem Präriebeet fehlen.

▶ **Die Abendsonne** zaubert letzte, leuchtende Lichtreflexe ins hochsommerliche Staudenbeet.

Aparte Pflanzenkombination fürs Julibeet

▶ **Hochsommerliche Harmonien in warmem Orange und Gelb**

Goldgarbe (Achillea-Filipendulina-Hybride 'Terracotta', 'Hannelore Pahl')

Purpur-Sonnenhut (Echinacea-Hybride 'Harvest Moon', 'Sundown')

Sonnenbraut (Helenium-Hybride 'Indianersommer', 'El Dorado')

Taglilie (Hemerocallis 'Burning Daylight', 'Saucy Lady')

Chinaschilf (Miscanthus sinensis 'Pünktchen')

Sommer-Phlox (Phlox paniculata 'Orange')

Strauchrose (Rosa 'Westerland')

Sonnenhut (Rudbeckia fulgida var. sullivantii 'Goldsturm')

Tipps zur Pflanzenwahl

▶ **Blütenstauden und Gräser für sonnige, nicht zu trockene Präriebeete**

Diamantgras (Achnatherum brachytrichum)

Reitgras (Calamagrostis x acutiflora 'Karl Foerster')

Plattährengras (Chasmanthium latifolium)

Sonnenbraut (Helenium-Hybriden 'Ruby Tuesday', 'Kanaria', 'Rauchtopas')

Prachtscharte (Liatris spicata)

Blut-Weiderich (Lythrum salicaria 'Blush')

Blaue Rutenhirse (Panicum virgatum 'Heiliger Hain')

Purpur-Rutenhirse (Panicum virgatum 'Shenandoah')

Bronze-Bartfaden (Penstemon digitalis 'Husker Red Strain')

Tautropfen-Gras (Sporobolus heterolepis 'Cloud')

▶ **Bunter Blütenteppich für sonnige Naturgärten**

Färberkamille (Anthemis tinctoria 'Dwarf Form')

Witwenblume (Knautia macedonica 'Mars Midget')

Tauben-Skabiose (Scabiosa columbaria 'Pink Mist')

Kaukasische Skabiose (Scabiosa caucasica 'Perfecta')

Kornblumenaster (Stokesia laevis)

Sommerblumen wie Zinnien (Zinnia elegans), Schleier-Eisenkraut (Verbena bonariensis) oder Mehl-Salbei (Salvia farinacea) dazu.

Dezentere Ton-in-Ton-Kombinationen entstehen durch die zarten lilarosa Blütenrispen der Riesen-Glockenblume 'Loddon Anne' (Campanula lactiflora) und die changierenden Rosatöne des Blut-Weiderichs 'Blush' (Lythrum salicaria). Als dominierende, vertikale Strukturen zieht man einige Exemplare des Kandelaber-Ehrenpreis 'Lavendelturm' (Veronicastrum virginicum) durchs Beet – dazu Flammenblumen: Phlox paniculata 'Lilac Time' mit blaulila Blüten und 'Judy' in Pastellrosa. Die edlen Schalenblüten der Skabiose 'Stäfa' (Scabiosa caucasica) in intensivem Blauviolett fügt kraftvolle Farbakzente hinzu. Ein grüner Teppich aus Kissen-Astern (Aster dumosus) rahmt zunächst mit attraktivem Laub das Beet ein. Ab Ende August legt sich ein herbstlich leuchtender Blütenschleier aus unzähligen Korbblüten in Violett, Rosa oder Hellblau darüber.

Hortensien-Vielfalt im Hochsommer

Hortensien (Hydrangea) bilden einen Höhepunkt im Gartenjahr und bereichern mit ihren üppigen Blüten nicht zu trockene, geschützte Beetplätze mit möglichst sauren Böden im kühleren Halbschatten. Die beliebten Bauern-Hortensien (H. macrophylla) bezaubern mit großen üppigen Blütendolden oder flachen Tellerblüten in Farbabstufungen zwischen Karminrot und Blauviolett oder Weiß. Die unkomplizierte Rispen-Hortensie (H. paniculata) mit prächtigen, bogig überhängenden Blütenrispen, gedeiht auch auf trockenen sonnigen Beeten oder Freiflächen. Die Ball-Hortensien (H. arborescens) mit riesigen runden Blütenständen in grünlichem Weiß wirken besonders attraktiv in halbschattigen Staudenbeeten. Die Eichenblättrige Hortensie (H. quercifolia) in den Sorten 'Snow Queen' und 'Snow Flake' mit duftenden, lockeren, anfangs grünlich weißen, später cremeweißen bis rosa Blütenrispen, wirkt vor allem durch ihre großen attraktiven Blätter mit spektakulärer Herbstfärbung. Einen besonderen Charme besitzen die Samt-Hortensien (H. sargentiana) mit ihren großen, dicht behaarten, samtigen Blättern und den ausdrucksstarken bläulichen Blütenständen. Die Kletter-Hortensie (H. anomla ssp. petiolaris) klettert mit Hilfe winziger Haftscheiben an Mauern oder Pergolen hoch. Ihre weißen Blütenteller erscheinen bereits im Frühsommer.

Hochsommerbeete mit mediterranem Flair

Im August bringen Lavendel, Hibiskus und Co. mit kühlen Blütentönen über silbrig schimmerndem Laub neuen Schwung in sonnige Beete.

◄ **Der prächtige Garten-eibisch** (*Hibiscus*) im Vorgarten wurde durch die formalen Buchselemente perfekt in Szene gesetzt.

▲ **Die grauen, samtig be-haarten Blätter** des Woll-Ziest (*Stachys byzantina*) bilden dichte, dekorative Teppiche.

► **Die Spornblume** ist ein genügsamer Dauerblüher, der auch auf trockenen Schotterflä-chen, an Trockenmauern oder im Steingarten ein perfektes Bild macht.

▼ **Skabiosen, Prachtscharte und Feines Lampenputzergras** bilden auf sonnigen Freiflächen im Spätsommer eine aparte Blütenkombination.

Trockenkünstler für spätsommerliche Staudenbeete

Die kompakten Büsche der Bartblume (*Caryopteris*) und die straff aufrecht wach-sende Blauraute (*Perovskia*) haben mit ihren ausdrucksstarken Wuchsformen und silbri-gem, grauem Laub bereits im Juni und Juli für Struktur in sonnigen, trockenen Beeten gesorgt. Ab August bis in den Herbst hinein punkten sie mit ihren leuchtenden, stahl-blauen Blütenrispen. Ideale Partner sind die Kugeldistel 'Veitch's Blue' (*Echinops ritro*) mit stahlblauen Blütenkugeln über deko-rativem grauem Laub und die ausdauernd

blühende Färberkamille (*Anthemis tinctoria*) in zartem Cremeweiß, Zitronengelb oder Goldgelb. Hohe Bart-Iris (*Iris barbata-elatior*), Moschus-Malve (*Malva moschata*), Lichtnelke (*Lychnis*) oder Fackellilien (*Kniphofia*) sind schöne Begleiter.

Die Säckelblume (*Ceanothus*) bildet mit ihrem attraktiven, teils auch wintergrü-nen Laub im Frühsommer einen dezenten Beethintergrund. Wenn sich ab Juli ihre kobaltblauen Blütenrispen öffnen, tritt sie optisch in die erste Beetreihe und zieht bis weit in den Herbst hinein alle Blicke auf sich. Solitärstauden wie Palmlilie (*Yucca* filamentosa), Riesen-Federgras (*Stipa gigantea*) oder die Silber-Königskerze 'Polarsommer' (*Verbascum bombyciferum*) fungieren als Eyecatcher im Beet und lenken als dominierende vertikale Elemente den Blick. Strukturbildner wie Filigranes Diamantgras (*Achnatherum brachytrichum*) und Prärie-Bartgras (*Andropogon*) verzaubern uns im Herbst mit goldenem Farbenspiel.

Die zierlichen Köpfchen der Edeldisteln (*Eryngium*) passen gut zu den zarten Blütenwolken des Steppen-Schleierkrautes (*Gypsophila paniculata*) und den fein verzweigten Blütenkolben der rosa blühenden Duftnessel 'Ayala' (*Agastache*-Hybride), die bis in den Herbst hinein blüht. Dazu gesellen sich die dickfleischigen Blätter der Hohen Fetthenne (*Sedum spectabile*) mit weißen Blüten ('Iceberg') und in Karminrosa ('Carmen'). Spektakulär wirken rotlaubige Sorten wie 'Xenox', 'Matrona' oder 'Karfunkelstein'. Die dicken Blätter stehen in ausdrucksstarkem Formenkontrast zu den zarten Schleiern der rosa blühenden Katzenminze (*Nepeta grandiflora*) 'Dawn to Dusk' und den purpurrosa Blüten des Blumendost 'Herrenhausen' (*Origanum-Laevigatum*-Hybride). Mit seinem markanten, bogig überhängendem Wuchs bringt das Silberährengras 'Algäu' (*Stipa calamagrostis*) als Leitstaude Rhythmus und Struktur ins Beet. Für den Beetvordergrund eignet sich ein Teppich aus graulaubigen, niedrigen Blattschmuck-

stauden wie Woll-Ziest (*Stachys*) oder Silberblatt-Ährenpreis 'Silberteppich' (*Veronica incana*).

Lavendel (*Lavandula angustifolia*) steht im August immer noch in voller Blütenpracht. Nutzen Sie das vielfältige Sortiment und spielen Sie mit dem breiten Farbspektrum zwischen tiefem Violett von 'Imperial Gem' über intensives Rosé von 'Miss Katherine' bis hin zur fast weißen 'Staudenhochzeit'. Lavendel ist zur Rahmung, Strukturierung und Rhythmisierung oder als Wegbegleiter vielfältig einsetzbar. Eindrucksvolle Gartenbilder mit perfektem mediterranem Flair ergeben sich, wenn Lavendel großflächig in variierenden Höhen und Farbtönen kombiniert wird. Provence pur!

Der Spätsommer hält weitere, aufregende Blütenmomente bereit. Im August ist die Hauptblütezeit des prächtigen Garteneibischs (*Hibiscus*) mit seinen großen, malvenartigen Blüten in kühlem Rosa, Violett oder Lila. In sonnigen Staudenbeeten oder in Form einer lockeren Blütenhecke als Beethintergrund zieht er mit seinem Blütenreichtum alle Blicke auf sich. Auch der allseits beliebte Sommerflieder (*Buddleja davidii*) mit großen, duftenden Blütenrispen steht in voller Pracht. Mit den neuen kompakten Zwergformen 'Petite Buddleja' lassen sich diese herrlichen Schmetterlingsmagneten auch platzsparend in sonnige Staudenbeete integrieren.

Planzenkombination

▶ **Trockenkünstler in Violett, Rot und Gelb**

Junkerlilie (*Asphodeline lutea*)

Bartblume (*Caryopteris clandonensis* 'Summer Sorbet')

Spornblume (*Centranthus ruber* 'Coccineus')

Steppen-Wolfsmilch (*Euphorbia seguieriana* ssp. *niciciana*)

Blaustrahlhafer (*Helictotrichon sempervirens* 'Saphirsprudel')

Witwenblume (*Knautia macedonica*)

Lavendel (*Lavandula angustifolia* 'Imperial Gem')

Kronen-Lichtnelke (*Lychnis coronaria*)

Blauraute (*Perovskia atriplicifolia* 'Filigran')

Zwerg-Heiligenkraut (*Santolina rosmarinifolia* ssp. *rosmarinifolia* 'Primrose Gem')

Zwerg-Goldrute (*Solidago cutleri*)

Purpur-Königskerze (*Verbascum phoeniceum*)

Gelbbunte Palmlilie (*Yucca flaccida* 'Golden Sword')

Tipps zur Pflanzenwahl

▶ **Aparte Gräser für sonnige Kiesbeete**

Prärie-Bartgras (*Andropogon scoparius* 'Cairo')

Moskitogras (*Bouteloua gracilis*)

Herz-Zittergras (*Briza media*)

Bogen-Liebesgras (*Eragrostis trichodes* 'Bend')

Regenbogen-Schwingel (*Festuca amethystina*)

Blaustrahlhafer (*Helictotrichon sempervirens* 'Saphirsprudel')

Mexikanisches Fiedergras (*Nasella tenuissima*)

Feines Lampenputzergras (*Pennisetum orientale*)

Goldbartgras (*Sorghastrum nutans* 'Indian Steel')

Riesen-Federgras (*Stipa gigantea*)

Silberährengras (*Stipa calamagrostis* 'Algäu')

Sommerfrische fürs Staudenbeet

Staudenpflanzungen sind meist keine Selbstläufer. Sie benötigen regelmäßig die lenkende Hand des Gärtners, um über viele Jahre attraktiv zu bleiben.

Schnitt und Pflege im Sommer – so werden müde Beete wieder munter

Nach der ersten Blütenfülle im Frühling und Frühsommer macht im Sommer so manche Staude schlapp. Ein radikaler Rückschnitt wirkt jetzt oft Wunder. Viele Stauden entwickeln anschließend schnell frisches Laub, einige erfreuen uns sogar mit einer zweiten Blüte. Dieser sogenannte Remontierschnitt sollte sofort nach der Hauptblühperiode erfolgen, wobei die gesamte Pflanze bis knapp über dem Boden abgeschnitten wird. Das kostet zwar manchmal Überwindung, doch nach kurzer Zeit sind die kahlen Stellen im Beet wieder mit frischem Laub gefüllt. Gleichzeitig werden so Stauden, die sich leicht versamen, in Schach gehalten. Unerwünschte Sämlinge sollten regelmäßig entfernt werden, da sie das ursprüngliche Pflanzkonzept schnell durcheinanderbringen.

Die Blütezeit vieler Stauden lässt sich durch regelmäßiges Ausschneiden verblühter Blütenstände verlängern. Auch Rosen sollten regelmäßig ausgeputzt werden, indem verwelkte Rosenblüten über dem nächsten Blatt mit voll ausgebildetem Auge abgeschnitten werden. Das sieht schöner aus und fördert den Ansatz neuer Knospen.

Bei spät blühenden, sehr hohen Stauden, wie Raublatt-Astern, Herbst-Chrysanthemen oder Sonnenbraut können von Mai bis Juni, wenn die Pflanzen eine Höhe von etwa 60 cm erreicht haben, die Triebspit-

zen um etwa 10 bis 20 cm eingekürzt werden. So wird die Bildung von Seitentrieben angeregt und die Pflanze wird insgesamt standfester, wobei sich die Blütezeit allerdings nach hinten verschiebt.

Schnell aufgepeppt – Sommerblumen im Staudenbeet

Manchmal entstehen unschöne Lücken im Beet, etwa durch einziehende Frühlingsblüher oder Stauden, die eingehen oder sehr früh durch vergilbendes Laub den Gesamteindruck des Beetes stören. Diese Lücken lassen sich wunderbar mit Sommerblumen füllen, die man auch in Töpfen ins Beet stellen kann. Auf neu angelegten Beeten sind meist noch größere freie Flächen vorhanden, die im ersten Jahr mit Sommerblumen besetzt werden können. Doch so herrliche Vertreter wie Kosmeen oder Zinnien sind keinesfalls Lückenbüßer, sonder bereichern jedes Beet mit ihrem besonderen Charme. Wer mag, sollte sie daher von vornherein bei der Komposition eines Staudenbeetes fest einplanen.

Immergrüne Formgehölze schneiden

Berücksichtigen Sie, dass Buchs nicht so schnittverträglich ist wie Eibe, die bis tief ins alte Holz beschnitten werden kann und dann immer wieder sicher neu austreibt. Buchs sollte daher nur an den jungen Trieben geschnitten werden. Da er sehr früh austreibt, kann der erste Formschnitt bereits im Mai erfolgen. Der zweite und dritte Schnitt folgt dann im Sommer, sodass sich eine dichte regelmäßige Verzweigung ergibt. Wird zu spät im Jahr geschnitten, reift der Neuaustrieb nicht mehr ausreichend aus und ist daher frostgefährdet.

Vermeiden Sie grundsätzlich Schnittmaßnahmen in sehr heißen, sonnigen Perioden, da sonst die angeschnittenen Blätter braun und unansehnlich werden könnten. Ideal sind trübe, regnerische Tage mit wenig Sonnenschein. Befindet sich das Formgehölz in Gesellschaft anderer niedriger Stauden oder Bodendecker, ist es günstig, das feine Schnittgut auf einer vorher ausgebrachten Unterlage, z. B. einer Folie aufzufangen, um es dann problemlos vom Beet nehmen zu können.

Blütengehölze in Form bringen

Manche Blütengehölze eignen sich auch zum Formschnitt. Das ist besonders interessant, wenn sie in Staudenbeete integriert sind. So lassen sich beispielsweise aus Goldglöckchen, Zierquitte, Zier-Apfel, Winter-Duftschneeball oder Zier-Johannisbeere im Sommer, wenn sich nach der Blüte neue Triebe gebildet haben, Kugeln, Quader oder formale Hecken heranziehen. Auch manche Rosenarten, z. B. die historische Damaszener-Rose 'Rose De Resht', lassen sich zu formalen Hecken erziehen. Sie werden nach der Blüte in Form geschnitten. Der Zwerg-Flieder (*Syringa microphylla* 'Superba') kann durch jährlichen Schnitt nach der Blüte zu attraktiven Kugeln geformt werden.

Pflanzentipps für lange Blüte

▶ **Stauden, die nach der ersten Blüte nochmals blühen (Remontierschnitt)**

Frauenmantel (*Alchemilla*)
Sterndolde (*Astrantia*)
Berg-Flockenblume (*Centaurea montana*)
Spornblume (*Centranthus ruber*)
Rittersporn (*Delphinium*-Hybriden)
Kugeldistel (*Echinops ritro*)
Feinstrahl-Aster (*Erigeron-Speciosus*-Hybride)
Rosa Storchschnabel (*Geranium endressii*)
Wiesen-Storchschnabel (*Geranium pratense*)
Blut-Storchschnabel (*Geranium sanguineum*)
Wald-Storchschnabel (*Geranium sylvaticum*)
Brennende Liebe (*Lychnis chalcedonica*)
Katzenminze (*Nepeta x faassenii*)
Jakobsleiter (*Polemonium*)
Steppen-Salbei (*Salvia nemorosa*)

▶ **Blütezeitverlängerung durch Ausschneiden verblühter Blüten**

Schafgarbe (*Achillea-Filipendulina*- und *Achillea-Millefolium*-Hybriden)
Sommer-Aster (*Aster x frikartii*)
Großblütiges Mädchenauge (*Coreopsis grandiflora*)
Purpur-Sonnenhut (*Echinacea purpurea*)
Sonnenbraut (*Helenium*-Hybriden)
Stauden-Sonnenblume (*Helianthus microcephalus*)
Sonnenauge (*Heliopsis*)
Lupine (*Lupinus-Polyphyllus*-Hybride)
Flammenblume (*Phlox paniculata*)
Sonnenhut (*Rudbeckia*)
Skabiose (*Scabiosa caucasica*)

◀ **Sommerblumen wie Zinnien**, Löwenmäulchen und Kosmeen sind eine wunderbare Ergänzung fürs Staudenbeet.

▲ **Buchsquader und Eibenhecke** müssen regelmäßig in Form geschnitten werden. Der Blumen-Hartriegel darf dagegen seinen natürlichen Habitus frei entfalten.

▶ **Werden Storchschnabel und Frauenmantel** nach der ersten Blüte komplett zurückgeschnitten, erfreuen sie im Spätsommer mit einer zweiten Blüte.

Präriezauber

Mit dieser Beetkomposition bringen Indianernessel, Sonnenhut, Mädchenauge & Co. mit attraktiven Gräsern den Zauber der nordamerikanischen Prärie in Ihren Garten. Kugel-Berberitzen mit weinrotem Laub setzen formale Akzente.

Das üppige Präriebeet (2,50 x 4,0 m) ist ein Glanzstück im hochsommerlichen Garten. Mit variierenden Höhenstufen von 0,40 bis 1,40 m bietet es am Sitzplatz oder neben der Terrasse in den Sommermonaten einen gewissen Sichtschutz, ohne dabei den Blick in den Garten und die angrenzende Umgebung völlig zu nehmen. Das Beet kann auch an Gartenwegen platziert werden oder als frei stehendes Inselbeet im Rasen den Garten im jahreszeitlichen Wandel räumlich spannungsvoll strukturieren. Der Standort sollte möglichst frei, sonnig bis leicht halbschattig, liegen und einen nährstoffreichen, nicht zu trockenen, tiefgründigen Boden aufweisen (Lebensbereiche: frische bis feuchte Freifläche Fr 2–3 oder Beet B).

FRÜHLING: Die an straffen Stielen sitzenden blauen und cremeweißen Blütensterne der Prärielilie überziehen von April bis Mai das Beet. Die zierlichen hellgelben und weißen Blüten der Engelstränen-Narzissen gesellen sich dazu und versetzen uns mit ihrem zarten Duft in Frühlingsstimmung. Ende Mai eröffnen die ersten zitronengelben Blüten der frühen, bis in den Herbst hinein blühenden Taglilie ʻBitsyʼ den Blütenreigen.

SOMMER: Im Juni öffnen sich die ersten leuchtend orangegelben Blüten des Mädchenauges ʻChristchurchʼ. Mit seiner ausdauernden Blüte bis in den Herbst hinein ist es ein treuer Blühpartner für die erst später im Hochsommer erscheinenden Prärieschönheiten. Im Juli entfaltet sich das Präriebeet dann zu seiner vollen Pracht. An den hohen, walzenförmigen Blütenständen der Prachtscharte öffnen sich jetzt, in ungewohnter Manier von oben nach unten, die zerzausten, zart lilafarbenen Einzelblütchen. Sie bilden einen spannungsvollen Formenkontrast zu den großen Margeritenblüten des Purpur-Sonnenhutes ʻMagnusʼ, die in leuchtendem

▲ **Die in vielfältigen gelben bis rotbraunen Farbtönen** reich blühende Sonnenbraut ist eine dankbare, ausdauernde Präriestaude.

◄ **Die Flammenblume 'Düsterlohe'** setzt mit üppigen Doldenblüten in dunklem Violett spannungsvolle Farbkontraste ins Präriebeet.

► **Das Sonnenauge** mit seinen haltbaren, goldgelben Korbblüten ist nicht nur im Beet, sondern auch in der Vase, ein schöner Anblick.

▼ **In ausdrucksvollem Formenkontrast** stehen Prachtscharte und Purpur-Sonnenhut vor dem gelben Blütenband der Goldrute im Beet.

Karminrot auf straffen Stielen zu schweben scheinen. Die witzigen quirlförmigen Blüten der Indianernessel 'Marshall's Delight' sitzen in leuchtendem Rosa auf ausdrucksstarken Hochblättern über dem aromatischen Laub. Ihre kleine Schwester 'Petite Delight' bildet in leuchtendem Lilarosa im Beetvordergrund eine schöne Ergänzung. Weißer Sonnenhut 'Jade' und die braun gesprenkelten Blüten der Sonnenbraut 'El Dorado' tanzen dazu und verbreiten hochsommerliche Heiterkeit. Die üppigen Blütenkuppeln der Flammenblume in dunklem Violett bilden einen eindrucksvollen Hintergrund. Das hohe, mächtige Sonnenauge 'Venus' schaut im Beethintergrund mit seinen orangegelben Blüten von oben dem bunten Treiben zu. Die rötlichen, malerisch überhängenden Halmspitzen der straff aufrecht wachsenden Ruten-Hirse 'Shenandoah' und die lockeren, nach Honig duftenden Rispenblüten des rothalmigen Tautropfengrases 'Cloud' wiegen sich zwischen den Stauden im Wind und machen das Präriefeeling perfekt. Neben der Blaunessel 'Blue Fortune' mit ihren ausdauernden purpurblauen Blütenkerzen über aromatischem Laub,

Pflanzrezept

▲ **Der einjährige Sonnenhut** 'Marmalade' mit großen, gelben Zungenblüten um einen dicken, braunen Knopf ist eine hervorragende Ergänzung.

▶ **Feurige Alternative:** Wie Spinnen sitzen die leuchtend roten Blütenquirle der Indianernessel über den intensiv gefärbten Hochblättern.

▼ **Das Lampenputzergras** 'Herbstzauber' mit malerisch überhängendem Wuchs und duftigen Blütenwalzen ist eine schöne Variante für den Beetvordergrund.

Nr.	Pfl.*	Ges.**	Botanischer Name	Deutscher Name	Blüte / Monat	Höhe / cm
Zwiebel- und Knollenpflanzen						
1	3	18	Camassia leichtlinii 'Caerulea'	Blaue Prärielilie	IV–V	70
2	3	12	Camassia leichtlinii 'Semiplena'	Prärielilie	IV–VI	80
3	1	1	Dahlia 'Downham Royal'	Ball-Dahlie	VII–X	100
4	10	140	Narcissus 'Hawera'	Engelstränen-Narzisse	IV–V	25
5	10	80	Narcissus 'Thalia'	Engelstränen-Narzisse	IV–V	20
Stauden						
6	2	2	Agastache-Rugosa-Hybride 'Blue Fortune'	Blaunessel	VII–IX	60–90
7	1	1	Aster laevis 'Calliope'	Glatte Aster	X–XI	120
8	2	2	Aster novae-angliae 'Purple Dome'	Raublatt-Aster	IX–X	55
9	2	4	Coreopsis grandiflora 'Christchurch'	Mädchenauge	VI–IX	50
10	2	4	Echinacea pallida	Sonnenhut	VII–IX	80
11	2	2	Echinacea purpurea 'Jade'	Weißer Sonnenhut	VII–IX	50–60
12	2	4	Echinacea purpurea 'Magnus'	Purpur-Sonnenhut	VII–IX	80–100
13	2	2	Helenium-Hybride 'El Dorado'	Sonnenbraut	VII–IX	80
14	2	2	Helenium-Hybride 'Rauchtopas'	Sonnenbraut	VIII–IX	130
15	1	1	Heliopsis helianthoides var. scabra 'Venus'	Sonnenauge	VII–IX	120–140
16	1	3	Hemerocallis 'Bitsy'	Taglilie	V–VIII	70
17	2	2	Liatris spicata 'Kobold'	Kleine Prachtscharte	VII–VIII	40
18	2	4	Liatris spicata	Prachtscharte	VII–IX	80
19	2	2	Monarda-Fistulosa-Hybride 'Blaustrumpf'	Indianernessel	VIII–IX	90
20	3	3	Monarda-Fistulosa-Hybride 'Marshall's Delight'	Indianernessel	VII–IX	70–90
21	2	4	Monarda-Hybride 'Petite Delight'	Zwerg-Indianernessel	VII–IX	30–40
22	2	4	Phlox paniculata 'Düsterlohe'	Flammenblume	VII–VIII	110
Gräser						
23	1	3	Panicum virgatum 'Shenandoah'	Purpur-Rutenhirse	VII–XI	80–100
24	1	1	Sporobolus heterolepis 'Cloud'	Tautropfengras	VIII–IX	30–50
Gehölze						
25	1	2	Berberis thunbergii 'Fireball'	Zwerg- Blutberberitze	V	70

*Anzahl der Pflanzen pro Pflanzstelle ** Gesamt-Anzahl der für das Beet benötigten Pflanzen

kommen die Blütenbälle der im späten Frühjahr ins Beet gepflanzten Ball-Dahlie 'Downham Royal' in kräftigem Purpurlila besonders gut zur Wirkung.

Im August betreten die spät blühende Sonnenbraut 'Rauchtopas' mit bernsteingelben, gewellten Blütenblättern um den braunen Knopf in der Mitte sowie die hohe Indianernessel 'Blaustrumpf' mit Blüten in kräftigem Lila das Beet und sorgen für neue, aufregende Blühaspekte.

HERBST: Im September und Oktober haben die Glatte Aster 'Calliope' im Hintergrund des Beetes mit hellvioletten Sternblüten über dunklem, rötlich überhauchtem Laub und die niedrige, purpurviolett blühende Raublatt-Aster 'Purple Dome' im Vordergrund ihren großen Auftritt und zaubern mit den sich nun in leuchtendes Rotbraun verfärbenden Gräsern die ersten Herbststimmungen ins Beet. Die Zwerg-Blutberberitzen im flammend orangeroten Herbstkleid setzen dazu eindrucksvolle Blickpunkte ins Beet.

WINTER: Viele der abgestorbenen, vertrockneten Blütenstände der Präriestauden trotzen Frost, Feuchtigkeit und Wind und bilden attraktive, mitunter skurrile Gartenbilder, vor allem, wenn sie der Frost über Nacht mit einer silbrig schimmernden Schicht aus Eiskristallen ummantelt hat.

Pflege rund ums Jahr

FRÜHLING: Bis Anfang März alle alten, abgestorbenen Pflanzenreste vom Beet entfernen und eine 2 bis 3 cm dicke Schicht Kompost ausbringen. Zusätzlich um jede Staude organischen Mischdünger verteilen. Gräser vor Beginn des Neuaustriebes zurückschneiden. Die grasartigen Blatthorste der Prachtscharte ausputzen.

Stauden wie Sonnenbraut, Mädchenauge, Flammenblume oder Indianernessel sollten nach einigen Jahren, wenn die Blühwilligkeit nachlässt, im zeitigen Frühjahr geteilt werden. Verblühte Blüten der Taglilie abschneiden. Aufkommendes Unkraut regelmäßig entfernen. Bei anhaltender Trockenheit unbedingt durchdringend wässern. Der Boden sollte stets feucht sein und darf niemals austrocknen.

SOMMER: Verblühte Triebe und Blütenstände von Sonnenbraut, Sonnenauge, Prachtscharte und Flammenblume regelmäßig ausschneiden. Aufkeimende Staudensämlinge regelmäßig entfernen, denn sie stören das Gleichgewicht der Pflanzung.

HERBST: Sonnenbraut, Sonnenauge und Mädchenauge nach der Blüte um ein Drittel zurückschneiden. Die verblühten Blüten der Herbst-Astern laufend ausschneiden, um ein Blühen der Seitentriebe zu fördern und eine Selbstaussaat zu vermeiden. Die Dahlie verträgt keinen Frost. Die Knollen werden daher rechtzeitig vor dem ersten Frost aus dem Boden genommen. Sie sollten trocken und frostfrei im dunklen Keller gelagert werden. Erst Ende April werden sie wieder ins Beet gesetzt.

Pflanzen zum Ergänzen und Variieren

► **Stauden in kühlem Blau, Gelb, Violett und Pink**

Blaunessel (*Agastache-Rugosa*-Hybride 'Black Adder')

Schleier-Aster (*Aster cordifolius*)

Kissen-Aster (*Aster dumosus* 'Heinz Richard')

Myrten-Aster (*Aster ericoides* 'Blue Star')

Wilde Zwerg-Aster (*Aster sedifolius* 'Nanus')

Edeldistel (*Eryngium planum* 'Blaukappe')

Purpur-Sonnenhut (*Echinacea purpurea* 'Vintage Wine')

Sonnenbraut (*Helenium*-Hybride 'Kugelsonne')

Hohe Flammenblume (*Phlox paniculata* 'Barnwell', 'Blue Paradise', 'Magnificence')

Präriemalve (*Sidalcea malviflora* 'Elsie Heugh')

Virginischer Riesen-Ehrenpreis (*Veronicastrum virginicum* 'Lavendelturm')

► **Stauden in warmem Gelb, Rot und Orange**

Großblütiges Mädchenauge (*Coreopsis grandiflora* 'Rising Sun')

Purpur-Sonnenhut (*Echinacea*-Hybriden 'Harvest Moon', 'Art's Pride', 'Sundown')

Sonnenbraut (*Helenium*-Hybriden 'Moerheim Beauty', 'Rubinzwerg')

Stauden-Sonnenblume (*Helianthus decapetalus* 'Capenoch Star')

Sonnenauge (*Heliopsis helianthoides* 'Summernight')

Indianernessel (*Monarda-Fistulosa*-Hybriden 'Jacob Cline', 'Präriebrand')

Sonnenhut (*Rudbeckia fulgida* var. *sullivantii* 'Goldsturm')

Fallschirm-Sonnenhut (*Rudbeckia nitida* 'Herbstsonne')

Hohe Flammenblume (*Phlox paniculata* 'Freudenfeuer', 'Orange')

Sonnenhut (*Rudbeckia hirta* 'Marmalade')

Goldrute (*Solidago*-Hybride 'Strahlenkrone')

Raue Goldrute (*Solidago rugosa* 'Fireworks')

► **Gräser**

Prärie-Bartgras (*Andropogon scoparius* 'Cairo')

Lampenputzergras (*Pennisetum* 'Herbstzauber')

Ruten-Hirse (*Panicum virgatum* 'Heavy Metal')

Gelbes Indianergras (*Sorghastrum nutans* 'Indian Steel')

Romantisches Cottagebeet in zartem Pastell

Stauden und Sommerblumen in zarten Pastelltönen versammeln sich um eine nostalgische Zierstrauchrose und vermitteln einen dezenten Cottagegarten-Charme.

Diese romantische Pflanzenkomposition (1,40 m x 2,80 m) lässt sich auf vielfältige Weise in den Garten integrieren: als kleines Inselbeet im Rasen, neben einem Sitzplatz oder auf größeren Beeten und Rabatten, wo sie – rhythmisch wiederholt und mit anderen Stauden und Rosen kombiniert – für traumhaft schöne Gartenbilder sorgt. Wer mag, lässt die Rose an einem Obelisken aus Metall emporklettern. Das Beet benötigt einen freien, sonnigen Standort und nährstoffreichen, nicht zu trockenen, tiefgründigen Boden (Lebensbereich: Beet B).

FRÜHLING: Im Vorfrühling erscheinen unter der Zierstrauchrose 'Eden Rose 85', an der sich bereits die ersten Triebe zeigen,

▲ Die aparten, reinrosa Glocken-blüten des Fingerhutes 'Rosea' verleihen dem Beet seinen unver-wechselbaren Cottagegarten-Charme.

▶ Die weißen Blütenbälle des Zier-Lauchs 'Mount Everest' setzen dezente Ausrufezeichen ins Beet.

▼ Die Pfingstrose 'Germaine Bigot' öffnet bereits im Mai ihre gefüllten, zartrosa Blüten.

die nickenden Blüten der Lenzrose in zar-ten, variierenden Rosatönen. Dazu gesellen sich die großen, weißen Glockenblüten der Trompeten-Narzissen 'Mount Hood' mit cremegelbem Schlund und kleine Sträuß-chen der zierlichen Tazetten-Narzisse 'Min-now', die einen zarten Vorfrühlingsduft versprühen. Im Mai übernehmen die rosa und grün gestreiften Blüten der Viridiflora-Tulpe 'Groenland' die Rolle des Frühlings-boten. Im Zusammenspiel mit den über dem Beet schwebenden weißen Blüten-kugeln des Zier-Lauchs 'Mount Everest', den ersten hellrosa Blüten des Türkischen Mohns 'Karine', und den leuchtend hell-blauen Blüten des Storchschnabels 'Jolly Bee', bilden sie eine attraktive Ergänzung zum frisch austreibenden Laub der später blühenden Stauden.

SOMMER: Anfang Juni öffnen sich die ersten dicken, weißgrünen Knospen der nostalgischen Strauchrose 'Eden Rose 85' und zeigen im Erblühen ein variieren-des Farbenspiel zwischen zartem Rosa, kräftigem Pink und sanften Cremetönen. Der Frauenmantel legt sich ihr mit seinen zarten, grüngelben Blütenschleiern über attraktivem Laub zu Füßen. Am ande-ren Ende des Beetes sorgen die üppigen, zartrosa Blütenbälle der Pfingstrose 'Germaine Bigot' als stimmige Gegenspie-ler für Furore und verwöhnen uns mit

zartem Duft. Die Blütenstände des Steppen-Salbeis 'Amethyst' strecken sich in zartem Violett über den hellrosa Blütenschalen des Blut-Storchschnabels 'Apfelblüte' in den Himmel. Dazu passt das graugrüne, frisch ausgetriebene Laub des Lavendels, über dem die Blütenstände schon in den Startlöchern stehen. Eine wunderbare Ergänzung zur Rosenblüte sind die edlen rosa Blüten des Fingerhutes, die sich dicht an dicht an hohen Blütenständen drängen. Die Blütenschleier der Dolden-Glockenblu-me 'Prichards Variety' in zartem Violett bilden einen schönen Hintergrund. Im Beetvordergrund liegen die blauvioletten Schalenblüten des bis in den Spätherbst hinein blühenden Storchschnabels 'Jolly Bee' der Strauchrose zu Füßen. Der Star im Junibeet ist jedoch ohne Zweifel der Hohe Rittersporn 'Gletscherwasser', der mit seinen Blütenständen in transparentem Hellblau alle Blicke auf sich zieht. Er wird in der unteren Beetetage von den hellgel-ben und zart lilafarbenen Doldenblüten der Schafgarben und den kleinen Blüten-köpfen der Sterndolden locker umspielt. Gleichzeitig öffnen im Beetvordergrund die Skabiosen ihre ersten Blütenschalen, die uns, nach einer Pause im Sommer, bis in den Herbst hinein begleiten werden. Im Hochsommer sorgen im Frühling gepflanz-te Sommerblumen wie Kosmeen mit wei-ßen Schalenblüten und fein gefiedertem

Pflanzrezept

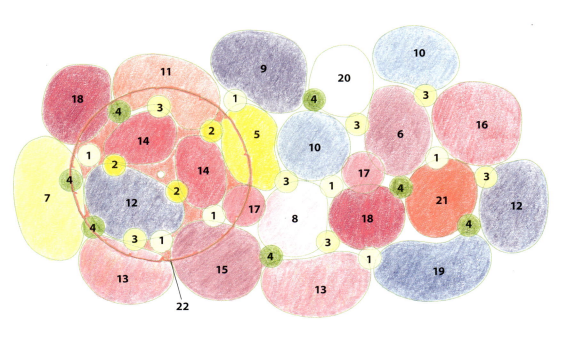

▲ **Die weißen Kosmeen** werden im Frühjahr ins Beet gesetzt und blühen unermüdlich den ganzen Sommer über.

▶ **Wer es noch kühler und eleganter mag**, setzt zu den weißen Kugeln des Zier-Lauchs die weißen Blütenkerzen des Wiesen-Ehrenpreis als Gegenspieler dazu.

◀ **Bis in den Herbst hinein** erscheinen die nostalgischen Blüten der Strauchrose 'Eden'.

▼ **Die rubinroten Blütenköpfe** der Roten Sterndolde variieren die Beetkomposition mit kräftigen Farbtupfern.

Nr.	Pfl.*	Ges.**	Botanischer Name	Deutscher Name	Blüte / Monat	Höhe / cm
Zwiebelpflanzen						
1	3	21	*Allium* 'Mount Everest'	Zier-Lauch	V–VI	120
2	8	24	*Narcissus* 'Minnow'	Tazetten-Narzisse	III–IV	15
3	6	42	*Narcissus* 'Mount Hood'	Trompeten-Narzisse	III–IV	40
4	5	35	*Tulipa viridiflora* 'Groenland'	Viridiflora-Tulpe	V	50
Stauden						
5	2	2	*Achillea-Filipendulina*-Hybride 'Credo'	Goldgarbe	VI–VIIII	80
6	2	2	*Achillea-Millefolium*-Hybride 'Lilac Beauty'	Schafgarbe	VI–VIII	60
7	2	2	*Alchemilla mollis*	Frauenmantel	VI–VII	40
8	1	1	*Astrantia major* 'Roma'	Sterndolde	VI–VII+IX	50
9	2	2	*Campanula lactiflora* 'Prichard's Variety'	Dolden-Glockenblume	VI–VIII	70
10	1	2	*Delphinium-Elatum*-Hybride 'Gletscherwasser'	Rittersporn	VI+IX	170
11	2	2	*Digitalis purpurea* 'Rosea'	Fingerhut	VI–VII	120
12	1	2	*Geranium*-Hybride 'Jolly Bee'	Storchschnabel	V–XI	35
13	2	4	*Geranium sanguineum* 'Apfelblüte'	Blut-Storchschnabel	V–VIII	20
14	1	1	*Helleborus-Orientalis*-Hybride 'Pink Lady'	Lenzrose	II–IV	40
15	1	1	*Lavandula angustifolia* 'Miss Katherine'	Lavendel	VII–VIII	60
16	1	1	*Paeonia* 'Germaine Bigot'	Pfingstrose	VI	90
17	1	2	*Papaver orientale* 'Karine'	Türkischer Mohn	V–VI	60
18	1	2	*Salvia nemorosa* 'Amethyst'	Steppen-Salbei	VI+IX	60
19	2	2	*Scabiosa caucasica* 'Stäfa'	Skabiose	VII–X	70
Sommerblumen						
20	1	1	*Cosmos bipinnatus* 'Unschuld'	Schmuckkörbchen	VI–X	100
21	1	1	*Lavatera trimestris* 'Silver Cup'	Bechermalve	VII–IX	60
Gehölze						
22	1	1	*Rosa* 'Eden Rose 85'	Strauchrose	VI–X	150

*Anzahl der Pflanzen pro Pflanzstelle ** Gesamt-Anzahl der für das Beet benötigten Pflanzen

Laub oder Bechermalven mit Trichterblüten in zartem Rosa für neue Blühaspekte und machen das Cottagebeet perfekt. Wer mag, kann jedes Jahr mit anderen Sommerblumen, beispielsweise Spinnenblume (*Cleome spinosa*), Bartfaden (*Penstemon*) oder Levkojen (*Matthiola incana*) für Abwechslung sorgen. Auch Dahlien oder aromatisch duftende Stauden und Kräuter wie Bunter Gewürz-Salbei (*Salvia officinalis* 'Tricolor'), Blumen-Dost (*Origanum-Laevigatum*-Hybride 'Herrenhausen') oder Duftnessel sind eine schöne Ergänzung.

HERBST: Im September erfreuen uns Steppen-Salbei und Rittersporn mit einem zweiten Blütenflor, vorausgesetzt, sie wurden gleich nach der ersten Blüte bis zum Boden zurückgeschnitten. Immer neue Rosenknospen erblühen bis zum ersten Frost, auch Storchschnabel und Skabiose erfreuen uns bis weit in den Herbst hinein mit frischen Blüten. Im Oktober zaubern Pfingstrose und Blut-Storchschnabel dann mit herrlichen Laubfarben in warmen Braun- und Rottönen herbstliche Stimmung ins Beet.

Pflege rund ums Jahr

FRÜHLING: Bis Anfang März sollten alle alten, abgestorbenen Pflanzenreste und das unansehnliche Laub der Lenzrosen vom Beet entfernt werden. Vertrocknete oder schwache Triebe der Strauchrose zurückschneiden. Den Lavendel im Frühjahr vor dem Austrieb in Form schneiden, dabei über dem letzten grünen Trieb ansetzen. Den Austrieb von Rittersporn und Dolden-Glockenblume vor Schneckenfraß schützen. Verblühte Blüten der Pfingstrose abschneiden.

SOMMER: Verwelkte Rosenblüten regelmäßig über dem nächsten Blatt mit voll ausgebildetem Auge abschneiden. Das Laub des Türkischen Mohns nach der Blüte zurückschneiden, um einen frischen Neuaustrieb anzuregen. Steppen-Salbei und Rittersporn nach der ersten Blüte bis zum Boden zurückschneiden, so blühen sie im Spätsommer ein zweites Mal. Rittersporn und Dolden-Glockenblume sind empfindlich gegen Trockenheit und sollten in Trockenperioden durchdringend gewässert werden. Bei Bedarf rechtzeitig, am besten bereits während des Austriebes im Frühjahr, durch Stäbe oder Staudenringe stützen, damit sie nicht durch Wind oder Regen umfallen. Den meist nur zweijährigen Fingerhut nach der Blüte zurückschneiden, das verlängert seine Lebenszeit. Kontrollierte Selbstaussaat sorgt für Nachfolger. Frauenmantel nach der Blüte sofort stark zurückschneiden; hierdurch wird die lästige Selbstaussaat verhindert und es entwickelt sich schnell frisches attraktives Laub.

HERBST / WINTER: Den Rittersporn im Spätherbst zurückschneiden.

Dekoration

Vielleicht haben Sie Lust, Ihrem sommerlichen Garten mit fantasievollen Dekorationen den letzten Schliff oder einen ganz besonderen Pfiff zu geben. Die Möglichkeiten hierfür sind nahezu unbegrenzt und reichen von der schlichten Metalllaterne mit Kerze, die auf ein Steinpodest ins Beet gestellt wird, bis hin zur ausgedienten Holzleiter, die kurzerhand als Rankhilfe für eine Ramblerrose umfunktioniert wurde. Ob dezent zurückhaltend, witzig oder romantisch verspielt, Dekoration ist immer eine Frage des persönlichen Geschmacks und der eigenen Kreativität. Sie sollte sich jedoch auch harmonisch in das Gestaltungskonzept einfügen und dabei den Charakter des Gartens unterstreichen.

Größere Objekte wie rosenumrankte Obelisken aus Metall oder ein Gartenstuhl, auf dem eine Vase mit einem selbst gebundenen Sommerblumenstrauß steht, sind Eyecatcher im Beet. Doch auch die selbst getöpferte Tonkugel, die sich dezent der Blütenfarbe benachbarter Pflanzen anpasst und erst auf einem Gartenspaziergang aus der Nähe wahrgenommen wird, hat ihren besonderen Reiz.

▼ **Die ausgediente Holzleiter** ist der Ramblerrose dabei behilflich, in den Apfelbaum zu klettern und wird selbst zum Gartenaccessoire. Von den drei Gieskannen aus Zink wurde eine kurzerhand als Übertopf für Sommerblumen umfunktioniert. Wie ein Wasserfall ergießen sich die winzigen, dunkelblauen Blütchen der Lobelie über den Rand der Gießkanne. Eine einfache, aber sehr gelungene Dekoration, die den ganzen Sommer über die Blicke auf sich zieht.

◂ **Versteckt zwischen Buchskugel,** Zwerg-Herzblume, Frauenmantel, Rosenblüten und den grüngelblichen Blüten der Wolfsmilch sitzt die kleine Engelsputte aus Terrakotta verträumt im Beet.

▴ **Beetdekorationen,** die erst auf den zweiten Blick entdeckt werden, besitzen einen ganz besonderen Charme. Diese weiße, schlicht mit zarten Blumen-motiven bemalte Rosenkugel ist ein willkommener Schmuck im dunklen Laub der Gallica-Rose 'Versico-lor' mit karmesinrot-weiß gestreiften Blüten.

◂ **Selbst gebundene Blumensträuße** aus dem eige-nen Garten, wie dieses frühsommerliche Potpourri aus Zier-Lauch, Akelei, Tränendem Herz, Wolfsmilch, Schneeball und Blättern von Purpurglöckchen, Elfen-blume und Funkien, lassen sich auf einem Garten-stuhl oder Natursteinblock auch dekorativ ins Beet platzieren.

HERBST
Feuerwerk der Farben

„Der Herbst ist ein zweiter Frühling, wo jedes Blatt zur Blüte wird.“

Albert Camus (1913 – 1960)

Wenn nach den ersten kühlen Nächten im September glitzernder Morgentau dem Garten ein klares, frisches Gesicht verleiht und die ersten Netze des Altweibersommers zwischen den leuchtenden Blüten von Astern, Fetthenne und Rudbeckien in der Morgensonne aufblitzen, werden wir daran erinnert, dass der Herbst naht. Die ersten Blätter beginnen sich herbstlich zu verfärben und wecken die Vorfreude auf eine wunderbare Jahreszeit, die den Beeten nochmals ein völlig neues, stimmungsvolles Gesicht verleihen wird.

September

Im September stehen viele Beete noch immer in spätsommer-
licher Blütenpracht, erfrischt durch die ersten Blütensterne früher
Astern und Chrysanthemen oder filigranen Blütenstände spät blühender Gräser. Andere Stauden wie Steppen-Salbei oder Rittersporn
melden sich noch einmal mit einer zaghaften Nachblüte zurück.
Auch viele Rosen erfreuen uns, manchmal bis zum ersten Frost,
unermüdlich mit einzelnen, frischen Blüten. Doch immer mehr
gelbe, braune und schwarze Töne mischen sich dazwischen, denn der
Lebenszyklus vieler Stauden nähert sich jetzt seinem Ende. Gerade
der stetige Wandel zwischen Werden, Sein und Vergehen macht den
besonderen Charme einer Staudenpflanzung aus, durch den ein Garten seinen unverwechselbaren Charakter erhält und sich im Lauf der
Jahreszeiten abwechslungsreich und lebendig präsentiert.

▼ Kissen-Astern und Fetthenne verraten, dass nun bald der Herbst beginnt,
doch gleich daneben kehrt mit den kräftig nachblühenden Strauchrosen
noch einmal der Sommer zurück. Vor dem dunklen, weinroten Laub des
Perückenstrauches, das sich in wenigen Wochen in ein intensives Kupferorange verfärben wird, leuchten die hellrosa Schalenblüten der Herbst-
Anemone und die schlanken roten Blütenstände des Kerzen-Knöterichs.

◂ **Die üppigen, malerisch überhängenden Horste** des Lampenputzergrases stehen in sattem Grün im Beet, doch schon bald werden sich die ersten gelben Strähnchen zeigen. Die letzten Blüten des Purpur-Sonnenhutes und die Hohe Fetthenne mit braunroten Stängeln und karminrosa Dolden schieben sich dazwischen. Eine schöne Ergänzung ist das braunrote Laubkleid der Zwerg-Blutberberitze, in dem bereits die ersten orangeroten Herbstblätter leuchten.

▸ **Anfang Oktober** wird der kompakte Flügel-Spindelstrauch (*Euonymus alatus* 'Compactus') mit seinem spektakulären Herbstkleid fast über Nacht zum flammendroten Eyecatcher. Doch auch die auf hohen Stielen schwebenden, weißen Blütenstände der späten Silberkerzen leuchten jetzt weit durch den Garten.

◂ **Die unzähligen Blütensterne der Kissen-Aster** in intensivem Violett und die gelben Zungenblüten von Sonnenhut und Mädchenauge bilden Ende September eine perfekte Kulisse für den Auftritt der letzten frischen Blütenkuppeln der weiß blühenden Flammenblume.

Oktober & November

Im Oktober übernimmt der Herbst endgültig die Regie und entfacht an vielen Bäumen und Sträuchern sein beeindruckendes Farbenfeuerwerk – ein Hauch von Indian Summer. Auch vor Staudenrabatten macht er nicht halt und umspielt die frisch leuchtende Blütenfülle der Astern und Chrysanthemen zur stimmungsvollen Ergänzung mit braunen, roten und gelben Laubfarben von Gräsern und anderen Stauden. Das letzte große Highlight im Gartenjahr!

Im Spätherbst künden die ersten frostigen Nächte unerbittlich den nahenden Winter an und lassen viele Stauden in sich zusammenfallen. Die letzten Blätter schweben von den Bäumen, Feuchtigkeit und Wind vollenden den Untergang. Vereinzelt leuchtet im Herbstlicht an der ein oder anderen standhaften Staude eine letzte frische Blüte auf und erinnert an vergangene Sommertage.

▲ **Die zinnoberroten Zweige** des Hartriegels bilden einen farblichen Einklang mit den bräunlich roten Fruchtrispen des Bienenbaumes (*Euodia*). Ergänzt wird das herbstliche Bild durch das orangerote Laub von Felsenbirne und Blasenbaum (*Koelreuteria*). Die dunkelvioletten Blüten der Astern und der Gartensessel in leuchtendem Kobaltblau sorgen für aufregende Farbkontraste.

▲ **Der Liebesperlenstrauch** (*Callicarpa*) ist im Sommer mit zart lilafarbenen Blütenbüscheln ein Magnet für Bienen. Ab September wird er durch seine violetten Beeren zu einem Highlight im Herbst-Garten. Selbst im Winter, wenn das Laub am Boden liegt, schmücken die kleinen leuchtenden Beeren die kahlen Zweige.

◄ **Im Vergehen schön:** In fahlem Gelb erstrahlen die Blätter der Funkien unter dem mit winzigen Früchten dekorierten Apfel-Dorn, bevor sie im Spätherbst braun in sich zusammenfallen. Die weinroten Blätter von Perückenstrauch, Purpurglöckchen und Schaumblüte sowie der Wilde Wein, der sich im Hintergrund in prächtigem Orange über den Zaun ergießt, verleihen dem Beet einen besonderen Herbstzauber.

▲ **Raublatt-Astern** entfachen spätherbstliche Farbenfeuerwerke im Beet. Wie Edelsteine blitzen sie auf, wenn am Morgen die ersten Sonnenstrahlen den herbstlichen Dunst durchbrechen. Die weißen Astern im Hintergrund lassen die Blüten der spät blühenden Sorte 'Rubinschatz' in reinem, klarem Rubinrot erstrahlen.

Reif für die Insel –
ein Gräserbeet im Rasen

Die weite Rasenfläche des großzügigen, sanft abfallenden Grundstücks, das an einem Nordhang der Bückeberge im Schaumburger Land liegt, war der pflanzenbegeisterten Gartenbesitzerin einfach zu langweilig. Zudem lockte die Aussicht auf weitere Beet- flächen, um neue Bepflanzungsideen umzusetzen.

▲ **Mit Beginn des Herbstes,** wenn die Gräser auf dem Inselbeet in voller Blütenpracht stehen, ergibt sich ein neues Raumgefühl. Einzelne Sonnen- strahlen lassen das flammende Laubkleid des Essigbaumes er- glühen, zaubern dann für weni- ge Minuten warme Lichtreflexe auf den Rasen und bringen die schlanken, weißen Blütenstände des Lampenputzergrases 'Tall Tails' zum Leuchten.

So entstand das ovale Inselbeet im Ra- sen, das sich in sanftem Schwung harmo- nisch in das Gesamtkonzept des mit viel Kreativität liebevoll gestalteten Gartens einfügt und ihm mit einer neuen Raum- wirkung den besonderen gestalterischen Pfiff verleiht.

Das Beet wurde jedoch nicht völlig isoliert in den Rasen platziert, sondern dicht an die üppig bepflanzte Teichland- schaft vor der Terrasse gelegt und optisch geschickt durch einen Pflasterstreifen,

der wie ein Steg wirkt, mit ihr verbunden. Hierdurch ergab sich auch eine spannungs- volle Blickachse auf den weiter hinten im Garten liegenden Sitzplatz, der seitlich durch Beete mit üppig blühenden Rosen und einer Gruppe unterschiedlich großer Buchskugeln gerahmt ist. Die Formgehölze bringen im Winter und Vorfrühling Farbe in den Garten und bilden vom Sommer bis in den Herbst hinein einen ausdrucksstar- ken Gegenpart zum Inselbeet, auf dem sich dann Pampasgras, China-Schilf und Hohes

◄ **Ein schmaler Rasenstreifen** trennt das Gräserbeet von der in hochsommerlicher Blütenpracht stehenden Teichlandschaft vor der Terrasse. Im Hintergrund fällt der Blick auf den kleinen, von üppig blühenden Rosen umgebenen Sitzplatz.

► **Über dem Inselbeet** leuchten Anfang Mai die frischen Blätter des rotlaubigen Ahorns in der Morgensonne. Auf den ersten Blick wähnt man sich im Herbst, doch die weißen Blüten des Zier-Apfels verraten den Frühling.

▼ **Im Winter treten die Formen** der Beete klar hervor. Braunrote, vertrocknete Blütenstände der Hohen Fetthenne, Winterheide und das graublaue Laub der Lavendelbüsche beleben im Zusammenspiel mit vertrockneten und wintergrünen Blatthorsten der Gräser das Inselbeet. Die formalen Buchskugeln neben dem Sitzplatz bringen Struktur und Farbe in den winterlichen Garten.

Lampenputzergras in voller Pracht mit Sonnenhut und Co. malerisch vereinen. Der rotlaubige Ahorn ist perfekt im Inselbeet platziert und überzeugt mit variierenden Laubfarben im Lauf der Jahreszeiten als spannungsvoller Gegenspieler zu der mächtigen grau benadelten Atlas-Zeder (*Cedrus atlantica*) im Hintergrund und dem Essigbaum (*Rhus typhina*) im Vordergrund. Der zwischen die Gräser gepflanzte Zier-Apfel (*Malus*-Hybride) ist im Frühling mit einem zarten Blütenschleier und später im Herbst,

wenn die kleinen, orangefarbenen Äpfel weithin leuchten, ein stimmungsvoller Eyecatcher im Beet.

Inzwischen ist bereits ein zweites Inselbeet im Rasen platziert. Noch wirkt es unscheinbar, doch wenn sich der von mediterranen Sträuchern umpflanzte, rotlaubige Judasbaum (*Cercis canadensis* 'Forest Pansy') erst zu voller Pracht entwickelt hat, wird dieses Inselbeet dem Garten nochmals ein völlig neues Gesicht verleihen.

Ein Hauch von Herbst – leuchtende Septemberbeete

Noch gibt es warme Sommertage, doch die ersten kühlen Nächte kündigen den nahenden Herbst an und überziehen die Pflanzen mit einem zarten, feuchten Schleier, der am Morgen in der goldenen Septembersonne funkelt. Langsam beginnen die ersten Blätter sich herbstlich zu verfärben.

Mit filigranen Strukturen und vielfältigen Formen sind Gräser wahre Gartenschätze, die einer Staudenpflanzung einen eigenen Charakter verleihen. Mit malerisch überhängendem oder straff aufrechtem Wuchs haben sie schon den ganzen Sommer über als Leitpflanzen das Beet strukturiert oder als stimmungsvolle Vermittler zwischen Stauden, Rosen und Gehölzen fungiert. Doch erst im Spätsommer und Herbst entwickeln die meisten Gräser ihre volle Schönheit. Jetzt stehen prächtige Vertreter wie Chinaschilf (*Miscanthus*), straff aufrecht wachsendes Diamantgras (*Achnatherum brachytrichum*), Ruten-Hirse (*Panicum*) oder das mächtige Pampasgras (*Cortaderia*) in voller Blüte. Mit ihren vielgestaltigen Blütenständen schieben sie sich als transparente Schleier vor ihre Nachbarpflanzen oder erheben sich in klaren Konturen über das Beet. Ihr Laub, das sich in leuchtend warme Gelb-, Kupfer- und Rottöne verfärbt, zaubert im Kontrast mit den kräftigen Violett- und Rubintönen der ersten Herbst-Astern und anderen spät blühenden Präriestauden eindrucksvolle Farbspiele ins Beet.

Herbstlicher Blütenzauber im Halbschatten

Im September beginnt im lichten Gehölzrand auf nicht zu trockenen Beeten die Blütezeit einiger der schönsten Schattenstauden. Die Lanzen-Silberkerze (*Cimicifuga racemosa* var. *cordifolia*) mit ihren weißen, straff aufrechten Blütenständen und die malerisch überhängenden Kerzen der Juli-Silberkerze (*Cimicifuga racemosa*) haben bereits im Hochsommer leuchtende

Pflanzentipps für Herbstbeete

▶ **Bogig-überhängende Gräser mit Herbstfärbung**

Plattährengras (*Chasmanthium latifolium*)
Bogen-Liebesgras (*Eragrostis trichodes* 'Bend')
Riesen-Pfeifengras (*Molinia arundinacea* 'Transparent', 'Cordoba')
Lampenputzergras (*Pennisetum alopecuroides* 'Herbstzauber')
Büschel-Haargras (*Nasella tenuissima*)

▶ **Straff aufrechte Gräser mit Herbstfärbung**

Diamantgras (*Achnatherum brachytrichum*)
Prärie-Bartgras (rotbraun: *Andropogon scoparius* 'Cairo')
Chinaschilf (*Miscanthus sinensis*; rosasilbrig: 'Flamingo'; rotsilber: 'Malepartus'; rötlich: 'Ghana')
Ruten-Hirse (*Panicum virgatum* 'Shenandoah', 'Hänse Herms', 'Rehbraun')

▶ **Die schönsten Septemberblüher als Partner für herbstfärbende Gräser**

Kissen-Aster (*Aster dumosus* 'Starlight', 'Prof. Anton Kippenberg')
Sommer-Aster (*Aster x frikartii* 'Mönch')
Rauhblatt-Aster (*Aster novae-angliae* 'Purple Dome', 'Violetta')
Purpur-Sonnenhut (*Echinacea* 'Razzmatazz', 'Kim's Knee High')
Sonnenbraut (*Helenium*-Hybride 'Rubinzwerg', 'Wonadonga', 'Blütentisch')
Stauden-Sonnenblume (*Helianthus decapetalus* 'Capenoch Star')
Indianernessel (*Monarda-Fistulosa*-Hybride 'Aquarius', 'Blaustrumpf')
Flammenblume (*Phlox paniculata* 'Kirmesländer', 'Kirchenfürst')
Sonnenhut (*Rudbeckia fulgida* var. *sullivantii* 'Goldsturm')
Raue Goldrute (*Solidago rugosa* 'Fireworks')

Lichtreflexe in halbschattige Beete gesetzt. Zu Beginn des Herbstes werden sie von neuen attraktiven Verwandten abgelöst: Die Purpur-Septembersilberkerze (*Cimicifuga ramosa* 'Atropurpurea') überzeugt mit ihren duftenden, bogig überhängenden Blütenkerzen, die auf hohen Stielen über violettbraunem Laub schweben. Die späte Oktober-Silberkerze (*Cimicifuga simplex*) gibt es mit rosa angehauchten Blütenkerzen, die sich auf straffen schwarzen Stielen über schwarzrotes Laub erheben ('Brunette') oder mit schneeweißen, bis November blühenden Rispen ('White Pearl'). Den Sommer über hat ihr attraktives Laub im Zusammenspiel mit graulaubigen oder weißrandigen Funkien, Farnen und dem ausdrucksstarken Laub des Schaublatts für Furore gesorgt. Schöne Blühpartner sind die leuchtend violettblauen Blütenhelme des hohen Herbst-Eisenhutes (*Aconitum carmichaelii* 'Arendsii'), die edlen Blütenschalen der Herbst-Anemonen (*Anemone-Japonica*-Hybride) in Weiß und Rosa, die weißen Blütenschleier der Wald-Aster (*Aster divaricatus*) und die aparten, hellgelben Blüten der Japanischen Wachsglocke (*Kirengeshoma palmata*). Auch der wegen seiner lange Blüte wertvolle Kerzen-Knöterich (*Bistorta amplexicaule*), den es neben den verbreiteten, intensiv roten Sorten wie 'Firetail' oder 'Atropur-

pureum' auch in Weiß, Zartrosa oder Pink gibt, ist eine schöne Ergänzung. Als weiteres Highlight präsentiert der Schlangenkopf (*Chelone obliqua*) seine ausgefallenen weißen oder rosa Blüten. Auch die Freiland-Fuchsien (*Fuchsia magellanica*), die mit einer leichten Abdeckung gut winterhart sind, entfalten im September ihre volle Pracht. Bergenien wie 'Herbstblüte' oder 'Morgenröte', die im Herbst ein zweites Mal blühen und im Winter mit prächtiger Laubfärbung glänzen, bilden im Beetvordergrund eine willkommene Ergänzung.

◀ **Viele Gräser entfalten erst im Spätsommer** ihre volle Blütenpracht, wie Pampasgras, Chinaschilf und hohes Lampenputzergras auf diesem Inselbeet.

▲ **Im Halbschatten:** Purpur-Septembersilberkerze, Herbst-Anemonen und Hortensien blühen bis in den Oktober hinein.

▼ **Herbst-Anemone und Kerzen-Knöterich** mit rubinroten Blütenständen sind im Spätsommer und Herbst auf halbschattigen Beeten dankbare Dauerblüher.

Spätherbst – prächtige Laubfärbung und Sternenblüten

Was wäre ein Garten ohne die flammende Pracht sich herbstlich verfärbender Gehölze!? Sie geben dem Garten in kurzer Zeit ein völlig neues Gesicht und sind eine wundervolle farbliche Ergänzung für die späte Blütenpracht im Beet.

◄ **Zinnoberrote Girlanden des Wilden Weins,** dunkelviolette Kissen-Astern und das leuchtend gelbe Laub der Zaubernuss bilden einen kräftigen, herbstlichen Dreiklang.

▲ **Die winzigen rosa Blüten** der filigranen Ruten-Aster 'Lovely' bilden duftige Blütenschleier, die auch in der Vase bezaubern.

► **Bis weit in den November hinein** leuchtet das Laub des Perückenstrauches in kupfrigen Rot- und Orangetönen.

Der sonst eher unscheinbare Geflügelte Spindelbaum (*Euonymus alatus*) wird jetzt mit flammend rotem Laub zum Hingucker, während sich die Blätter des Japanischen Schneeballs (*Viburnum plicatum tomentosum*) von dunklem Grün über Purpurviolett in gedecktes Orange verfärben. Dazu leuchtet das goldgelbe Laub des Ginkgobaumes (*Ginkgo biloba*). Geradezu spektakulär in Kupferorange bis Aubergine glänzt das Herbstkleid des Perückenstrauches (*Cotinus*) – selbst dann noch, wenn es längst vom Herbstwind abgeschüttelt am Boden liegt. Im Kontrast zu immergrünen Gehölzen und formalen Buchskugeln, Hecken oder

Eibenkegeln kommen die fantastischen Laubfarben besonders gut zur Geltung. Für eine passende Untermalung sorgt das sich herbstlich verfärbende Laub vieler Stauden. Bunter Fruchtschmuck wie Zier-Äpfel, Hagebutten oder die zierlichen, leuchtend violetten Früchte des Liebesperlenstrauches (*Callicarpa*) machen den stimmungsvollen Herbstgarten komplett.

Astern und Chrysanthemen – die Stars auf spätherbstlichen Beeten

Zum Ausklang des Sommers sind im August frühe Herbst-Astern wie die Ruten-Aster mit ihren unzähligen Blütensternen

ins Rampenlicht der Beete getreten. Doch erst im Oktober entfalten die meisten anderen Arten ihre volle Pracht. Mit kräftigen Blütenfarben von Blau, Violett über Weinrot bis Rosa leuchten sie im herbstlichen Dunst. Die vielen Arten und Sorten lassen sich gut mit herbstlich färbenden Gräsern, anderen spät blühenden Stauden wie Hohe Fetthenne, Kerzen-Knöterich, Riesen-Sonnenblume (Helianthus giganteus 'Sheila's Sunshine') oder Sonnenhut und dekorativen Samenständen bereits verblühter Stauden wie Purpur-Sonnenhut oder Kugel-Distel kombinieren.

Doch auch wenn sie im Beet unter sich bleiben, machen Astern stets ein gutes Bild: Die niedrigen Kissen-Astern (Aster dumosus) bilden durch Ausläufer schnell dichte Teppiche und wirken besonders spektakulär, wenn sie sich im Beetvordergrund großflächig und in variierenden Farbfeldern vor höhere Stauden legen. Die robusten, bis zu 1,50 m hohen, straff aufrecht wachsenden Raublatt-Astern (Aster novae-angliae) bieten eine vielfältige Farbpalette und lassen sich vortrefflich in größeren Gruppen im Beethintergrund zu einem leuchtenden

Blütenmeer kombinieren. Sie sind standfester und resistenter gegen Mehltau als ihre Verwandten, die etwas buschiger wachsenden Glattblatt-Astern (Aster novi-belgii), haben jedoch einen Makel: Sie verkahlen schon früh von unten her. Dies lässt sich jedoch gut kaschieren, indem niedrigere Sorten wie Aster novae-angliae 'Purple Dome' oder Aster ericoides 'Pink Cloud' davorgesetzt werden. In Kombination mit anderen spät blühenden Arten, wie der in zarte Blütenwolken gehüllten Schleier-Aster 'Blue Heaven' (Aster cordifolius) oder der Waagerechten Aster (Aster lateriflorus var. horizontalis), die sich mit einem Netz aus weiß-rosa Blütchen schmückt und mit ihrem feinen, schwarzbraunen Laub bereits im Sommer Farbe ins Beet gebracht hat, ergeben sich zum Ausklang des Gartenjahres spektakuläre Anblicke.

Die vielfältigen Herbst-Chrysanthemen (Chrysanthemum-Indicum-Hybriden) mit ihrem etwas altmodischen Charme sind ebenfalls von unschätzbarem Wert für die spätherbstliche Blütenpracht und ideale Partner für Herbst-Astern. Späte Sorten überstehen auch erste Nachtfröste.

Im Herbst den Frühling pflanzen!

Tulpen, Dahlien, Zier-Lauch & Co. sind wertvolle Gartenschätze, die jedes Beet bereichern und die Erlebnisqualität der Gärten im Lauf der Jahreszeiten steigern.

Jedes Jahr aufs Neue – lange Freude an Zwiebelblumen

Zwiebelpflanzen sind eine wunderbare Ergänzung für Stauden und Gehölze. Sie bringen oft schon im Vorfrühling, wenn sich viele Stauden und Gehölze noch im Winterschlaf befinden, Farbe in unsere Gärten. Anfang September bis Oktober ist die beste Zeit, um die Zwiebeln in den Boden zu stecken. So haben sie bis zum ersten Frost genügend Zeit, sich einzuwurzeln. Achten Sie auf gute Qualität und kurze Lagerung. Am besten kaufen Sie die Zwiebeln, sobald sie im Handel sind. Besonders heikel sind Schneeglöckchen und Märzenbecher.

Die meisten Zwiebelpflanzen wünschen einen gut drainierten Boden ohne Staunässe. Bei schweren, lehmigen Böden sollte die Erde im Pflanzbereich mit grobem Sand oder feinem Splitt und Kompost verbessert werden. Besonders Tulpen benötigen im Sommer einen trockenen, durchlässigen Boden, andernfalls verschwinden sie bereits nach wenigen Jahren vom Beet oder schieben nur noch einige, dürftige Blätter hervor. Die verwendete Sorte spielt jedoch auch eine wichtige Rolle, denn es gibt unkomplizierte Vertreter, die jedes Jahr willig wiederkehren und teilweise auch im halbschattigen Gehölzrand üppig blühen. Gegen Wühlmäuse hilft nur ein enges Drahtgeflecht, mit dem man das Pflanzloch vor der Pflanzung auskleidet.

Am schönsten wirken die Frühlingsblüher, wenn sie in lockeren, unterschiedlich großen Gruppen gepflanzt werden. Arten, die sich durch Selbstaussaat oder Brutzwiebeln stark vermehren, können auch einzeln oder in kleineren Gruppen über das Beet verteilt werden. Eine besonders natürlich wirkende Gruppierung ergibt sich, indem man einfach eine Handvoll Zwiebeln auf den Boden wirft und die Zwiebeln anschließend dort einpflanzt, wo sie hingefallen sind. Diese Methode eignet sich gut für die kleinen Zwiebeln und Knollen der Vorfrühlingsblüher wie Krokus, Blausternchen oder Winterling. Narzissen wirken in größeren Gruppen von zehn bis zwanzig Stück am schönsten. Werden die Sträuße z. B. in einer Rasenfläche dicht nebeneinander gesetzt, ergibt sich aus der Ferne betrachtet ein wahres Blütenmeer. Sollen die Zwiebeln einzeln gesetzt werden, können die Pflanzlöcher mit Hilfe eines Pflanzholzes in den Boden getrieben werden. Das Loch sollte dabei immer etwas größer als die Zwiebel sein, damit vor der Pflanzung noch etwas lockerer, sandiger Boden ins Pflanzloch gegeben werden kann.

Sollen Narzissen und Vorfrühlingsblüher in Gruppen zum Verwildern in eine Rasenfläche gesetzt werden, hebt man die Grasnarbe an den vorgesehenen Stellen ab, lockert die Sohle etwas auf und legt die Zwiebeln hinein. Anschließend wird die Grassode wieder aufgelegt. Die Blätter dürfen im nächsten Jahr erst abgemäht werden, wenn sie vollständig vergilbt sind.

◄ **Staudenbeete** sollten erst im zeitigen Frühjahr und keinesfalls im Herbst zurückgeschnitten werden, denn sie bereichern in der tristen Jahreszeit mit subtilem Herbst-Charme unsere Gärten.

▲ **Dahlienknollen** werden in mit Packpapier oder Zeitungen ausgelegte Kisten gesetzt und mit Sand überdeckt. Während des Winters sollten sie kühl gelagert und gelegentlich auf Fäulnis kontrolliert werden.

▶ **Die Zwiebeln der Frühlingsblüher** werden im Herbst entsprechend ihrer Größe unterschiedlich tief in den Boden gesteckt. Kleine Zwiebeln und Knollen von Krokus, Winterling und Co. werden 3 bis 10 cm, größere Zwiebeln wie Narzissen und Tulpen dagegen 15 bis 20 cm tief in den Boden gelegt, Lilien und Kaiserkronen noch etwas tiefer.

Es ist empfehlenswert, die Pflanzstellen mit Stöcken oder Kies zu markieren, damit sie nicht aus Versehen bei der Beetpflege mit dem Spaten beschädigt werden.

Gladiolen und Dahlien richtig überwintern

Dahlien und Gladiolen, die im Spätfrühling in den Boden gebracht wurden, müssen nach der Blüte im Herbst rechtzeitig vor den ersten Nachtfrösten wieder ausgegraben werden. Dies geschieht am besten mit der Grabegabel, um die Knollen nicht zu verletzen. Anschließend die einzelnen Knollen mit fest sitzenden Namensschildern versehen. Bevor die Knollen beispielsweise in Obstkisten, mit Zeitungen oder Sägespänen überdeckt in einem kühlen, trockenen Keller gelagert werden, sollten sie im Freien an einem vor Feuchtigkeit geschützten, sonnigen Platz abtrocknen.

Winterschutz im Garten

Die meisten Stauden und Gehölze benötigen keinen besonderen Winterschutz. Empfindliche Arten können durch eine Mulchdecke aus Laub oder Tannenreisig geschützt werden. Auf keinen Fall sollte man sie vor dem Frühjahr zurückschneiden, denn ihr abgestorbenes Laub schützt die im Boden liegenden Überwinterungsknospen vor Frost. Doch auch die übrigen Stauden sollten erst im zeitigen Frühjahr zurückgeschnitten werden, denn sie bieten nicht nur Kleinlebewesen Unterschlupf im Winter, sondern verzaubern, besonders bei Eis und Schnee, mit ungewohnten Strukturen.

Auch Gräser schneidet man erst im Frühjahr zurück, denn ihre Laubhorste bilden ebenfalls einen natürlichen Winterschutz. Nur die Blätter des empfindlichen Pampasgrases werden mit einer Schnur über dem Herzen zu einer schlanken Säule zusammengebunden, sodass kein Regen von oben eindringen kann und das Gras nicht von innen her fault. Als zusätzlicher Schutz kann eine Abdeckung aus Reisig und Laub über den Wurzelbereich gelegt werden.

In Kübel oder frisch ins Beet gepflanzte immergrüne Gehölze sind nach einem trockenen Herbst vor dem ersten Frost gut zu wässern. Bei Kahlfrösten und intensiver Sonneneinstrahlung schützt eine Abdeckung aus Jute oder Gartenvlies vor dem Vertrocknen. Auch empfindliche immergrüne Blütengehölze wie Kamelien sollten im Winter vor intensiver Sonneneinstrahlung durch eine Schattierung geschützt und bei frostfreier Witterung regelmäßig gegossen werden.

Tipps & Tricks

Man kann die verschiedenen Arten auch platzsparend in Etagen ins Beet pflanzen, die Vorfrühlingsblüher kommen nach oben, später blühende Narzissen und Tulpen darunter.

Farbenspiel im Halbschatten

Unter dem Blätterdach des rotlaubigen Perückenstrauches präsentieren sich von Spätsommer bis Oktober aparte Schattenblüher von ihrer schönsten Seite. Im Zusammenspiel mit den riesigen, zwischen weiß und grün changierenden Blüten der Ball-Hortensie leuchtet die herbstliche Blütenpracht in Rot, Rosa, Gelb und Blauviolett.

Als Insel in eine Rasenfläche platziert, fungiert das Beet (4,00 x 2,50 m) als Raumteiler und kann dabei auch einen attraktiven Hintergrund für einen schattigen Sitzplatz bilden. Auch vor einer frei stehenden Mauer oder einer formal geschnittenen

Hecke wird die Pflanzenkomposition ins beste Licht gerückt. Die Gehölze bevorzugen einen sonnigen bis halbschattigen Standort und bieten den Schattenstauden ideale Standortbedingungen. Günstig ist ein humus- und nährstoffreicher, nicht zu trockener, durchlässiger Boden (Lebensbereich: Gehölzrand GR 2–3).

FRÜHLING: Im Vorfrühling tummeln sich unter dem noch kahlen Perückenstrauch und um die Ball-Hortensie 'Annabelle' die Lenzrose 'Yellow Lady' mit zartgelben Blüten, gelbe Sträußchen der zierlichen Cyclamineus-Narzisse 'February Gold' und die zwischen Rosé, Violett und Blau changierenden Blüten des Lungenkrautes 'Mrs. Moon', die sich über dem dekorativen, gefleckten Laub erheben. Dazu gesellen sich ab April die aparten, zierlichen Blüten der Elfenblume in leuchtendem Weinrot. Erst spät im Mai entfaltet der Perückenstrauch sein aubergine überhauchtes, rötliches Blätterkleid und bildet eine aufregende und ausgefallene farbliche Ergänzung zu den tief weinroten Blüten der ungefüllten Späten Tulpe 'Queen of Night', die in lockeren, großzügigen Bändern über das Beet zieht. Zwischen dem hellgrünen Austrieb der Ball-Hortensie 'Annabelle' und dem silbern gezeichneten, dunkel weinroten Laub des Purpurglöckchens 'Plum Pudding' sind dicke Sträußchen der rosa blühenden Glockenscilla 'Rose Queen' platziert. Im Beetvordergrund öffnen sich die zarten, dunkelrosa Blüten der Bergenie 'Herbstblüte' an kräftigen Stängeln, die sich über das glänzend glatte, ledrige Laub erheben. Die erst später im Hochsommer und Herbst blühenden Schattenstauden überziehen mit ihrem frischen Laubaustrieb in variierenden Grün- und Rottönen das Beet und bilden einen attraktiven Hintergrund für den Auftritt der Frühlingsblüher.

SOMMER: Im Juni und Juli sind die bauschigen, zarten Blütenstände des Perückenstrauches im Farbenspiel zwischen Violett und zartem Rosé die Attraktion des Beetes. Eine schöne spannungsreiche Ergänzung bilden die filigranen, fedrigen Blüten des Purpurglöckchens und die straff aufrechten Blütenstände der Funkien in zartem Violett. Die schlanken Blütenkerzen der Juli-Silberkerze schießen auf hohen, straff aufrechten Stängeln in die Höhe und leuchten in strahlendem Weiß besonders eindrucksvoll in der Abenddämmerung. Auch der Sibirische

Funkien mit gelb panaschiertem Laub wie 'Sagae' oder 'Wide Brim' und das rotlaubige Purpurglöckchen zaubern lebendige Farbreflexe ins Beet.

▶ Im Erblühen sind die flachkugeligen Blüten der eleganten Ball-Hortensie 'Annabelle' grün überhaucht, später neigen sie sich als riesige, weiße Bälle malerisch über das hellgrüne Laub.

▲ Das schwarzrote, gefiederte Laub der Silberkerze steht in auffallendem Kontrast zu den hellgrünen Blättern des Kerzen-Knöterichs. Die filigranen Blütenstände des Purpurglöckchens und die Samenstände des Zier-Lauchs, der eine schöne Ergänzung ist, geben den besonderen Pfiff.

Pflanzrezept

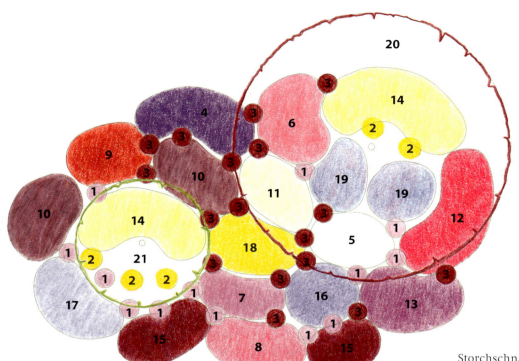

20 14 2 2 4 6 3 3 3 9 3 19 19 10 1 11 12 10 1 14 5 1 21 2 2 2 18 3 17 1 1 16 13 7 3 15 8 15

▲ **Weiß, rosa oder schwarzvio-lett** blühende Akeleien können mit ihren aparten, gespornten Blüten das Beet im Frühling bereichern.

▶ **Rot blühende Sterndolden** wie 'Ruby Cloud' oder 'Moulin Rouge' sind eine schöne Ergänzung, denn sie spiegeln das rötliche Laub von Silberkerze und Purpurglöckchen.

▼ **Mit ihren prächtigen, violetten Blütenrispen** ist die hohe Prachtspiere 'Purpurlanze' eine Aufsehen erregende Variation für den Hochsommer.

Storchschnabel hat jetzt mit leuchtend violetten Blüten seinen ersten großen Auftritt. Später im Herbst macht er mit einer spektakulären Herbstfärbung zusätzlich Furore.

HERBST: Bereits im August eröffnen die ersten aparten Schalenblüten der Herbst-Anemonen in Rosé und Weiß den herbstlichen Blütenzauber. Eine spannungsreiche Ergänzung im Beethintergrund bilden die schlanken, leuchtend roten Blütenkerzen des Kerzen-Knöterichs. Im Beetvordergrund, umspielt von den rosa Blütenrispen der Astilbe, erfreut uns die Bergenie 'Herbstblüte' mit einer zweiten Blüte. Die riesigen, weißen, später grünlichen Blüten der Ball-Hortensie 'Annabelle' neigen sich schwer zu Boden und bilden bis in den Oktober hinein eine malerische, ausdrucksstarke Ergänzung zu den jetzt in frischer Blütenpracht stehenden Schattenstauden. Im September betreten zwei neue Stars die Gartenbühne: Die zartgelben Blüten der Japanischen Wachsglocke erheben sich über dekorativem Laub und stehen in spannungsvollem Gegensatz zu dem schwarzroten Laub der Purpur-Silberkerze,

Nr.	Pfl.*	Ges.**	Botanischer Name	Deutscher Name	Blüte / Monat	Höhe / cm
Zwiebel- und Knollenpflanzen						
1	10	130	Hyacinthoides hispanica 'Rose Queen'	Glockenscilla	V	25
2	10	50	Narcissus 'February Gold'	Cyclamineus-Narzisse	II–III	25
3	3	51	Tulipa 'Queen of Night'	Tulpe	V	60
Stauden						
4	3	3	Aconitum carmichaelii 'Arendsii'	Herbst-Eisenhut	IX–X	140
5	1	1	Anemone-Japonica-Hybride 'Honorine Jobert'	Herbst-Anemone	VIII–X	100
6	2	2	Anemone-Japonica-Hybride 'Bressingham Glow'	Herbst-Anemone	VIII–X	110
7	2	2	Astilbe chinensis var. pumila	Zwerg-Prachtspiere	VIII–IX	30
8	3	3	Bergenia-Hybride 'Herbstblüte'	Bergenie	IV+IX	25–40
9	1	1	Bistorta amplexicaule 'Atropurpureum'	Kerzen-Knöterich	VIII–X	80
10	2	4	Cimicifuga ramosa 'Atropurpurea'	Purpur-Silberkerze	IX–X	150
11	2	2	Cimicifuga racemosa	Juli-Silberkerze	VII–VIII	180
12	3	3	Epimedium x rubrum	Elfenblume	IV–V	30
13	2	2	Geranium wlassovianum	Storchschnabel	VII–IX	30
14	3	6	Helleborus-Hybride 'Yellow Lady'	Lenzrose	III–V	40
15	1	2	Heuchera-Hybride 'Plum Pudding'	Purpurglöckchen	VI–VIII	25–40
16	1	1	Hosta-Hybride 'Sagae'	Funkie	VI–VII	50–75
17	2	2	Hosta-Hybride 'Wide Brim'	Funkie	VI–VIII	40–50
18	2	2	Kirengeshoma palmata	Wachsglocke	VIII–IX	70
19	1	2	Pulmonaria saccharata 'Mrs. Moon'	Lungenkraut	III–V	25
Gehölze						
20	1	1	Cotinus dummeri 'Grace'	Perückenstrauch	VI–VIII	300
21	1	1	Hydrangea arborescens 'Annabelle'	Ball-Hortensie	VI–X	150

*Anzahl der Pflanzen pro Pflanzstelle ** Gesamt-Anzahl der für das Beet benötigten Pflanzen

deren zartrosa Blüten einen betörenden Duft verströmen. Einen sensationellen Farbkontrast bilden die leuchtend violettblauen Blüten des Herbst-Eisenhutes, die sich im Oktober dicht gedrängt an hohen, straffen Blütenständen öffnen. Bis in den November hinein sind sie das Highlight im Schattenbeet. Im Oktober verfärben sich die Blätter des Perückenstrauches in spektakuläres Orange und helles Weinrot, Elfenblume und Storchschnabel zeigen flammende Rot- und Orangetöne und die ornamentalen Blatthorste der Funkien erstrahlen in morbiden Gelbtönen – was für ein stimmungsvolles Herbstbild.

WINTER: Bis tief in den November hinein legt sich das herbstlich verfärbte Falllaub des Perückenstrauches wie ein bunter Teppich auf das Beet. Die ersten Nachtfröste legen mitunter einen zarten silbernen Schleier aus Raureif über die Silhouetten der abgestorbenen Stauden. Ganz vereinzelt leuchtet eine rote Blütenkerze des Kerzen-Knöterichs auf. Nur das wintergrüne Laub von Purpurglöckchen, Lungenkraut, Elfenblume und Lenzrose halten Frost und Schnee stand und bilden auch im Winter

attraktive Blattinseln im Beet. Schon bald werden sie mit attraktiven Blüten den Frühling einleiten.

Pflege rund ums Jahr

FRÜHLING: Bis Anfang März vertrocknetes, unansehnliches Laub von Purpurglöckchen und Lenzrosen sowie alle alten, abgestorbenen Pflanzenreste vom Beet entfernen. Die Ball-Hortensie bis zum Boden zurückschneiden. Anschließend eine 2 bis 3 cm dicke Schicht Kompost aufs Beet aufbringen und leicht oberflächlich einarbeiten. Aufkommendes Unkraut regelmäßig entfernen. Das Laub der verblühten Tulpen erst abschneiden, wenn es vollständig vergilbt ist.

SOMMER: Herbst-Anemonen, Ball-Hortensie und Silberkerzen sind empfindlich gegen Trockenheit und wollen in Trockenperioden durchdringend gewässert werden.

WINTER: Unnsehnliche oder abgestorbene Stauden können bei Bedarf nach und nach zurückgeschnitten werden.

Pflanzen zum Ergänzen und Variieren

▶ **Gehölze**

Gelber Trompetenbaum (*Catalpa bignonioides* 'Aurea')

Japanischer Blumen-Hartriegel (*Cornus kousa*)

Grünlaubiger Perückenstrauch (*Cotinus coggygria* 'Young Lady')

Rispen-Hortensie (*Hydrangea paniculata* 'Vanille Fraise')

▶ **Stauden**

Garten-Eisenhut (*Aconitum x cammarum* 'Franz Marc')

Akelei (*Aquilegia vulgaris* 'Ruby Port')

Blaue Wald-Aster (*Aster cordifolius* 'Little Carlow')

Rote Sterndolde (*Astrantia major* 'Moulin Rouge')

Lanzen-Prachtspiere (*Astilbe chinensis* var. *taquetii* 'Purpurlanze')

Elfenblume (*Epimedium x versicolor* 'Versicolor')

Lenzrose (*Helleborus-Orientalis*-Hybride 'Rote Auslese')

Wachsblatt-Funkie (*Hosta*-Hybride 'Sum and Substance')

Rotstiel-Funkie (*Hosta*-Hybride 'One Man's Treasure')

▶ **Zwiebelpflanzen**

Iran-Lauch (*Allium aflatunense*)

Engelstränen-Narzisse (*Narcissus* 'Thalia')

Winterling (*Eranthis hyemalis*)

Elfen-Krokus (*Crocus tommasinianus*)

Blütensterne zwischen Gräsern

Astern bilden in dieser Beetkomposition mit ihren Sternblüten ein stimmungsvolles Farbenmeer, das sich in Pink, Violett und Hellblau über das Beet legt. Bis in den November werden sie locker umspielt von strukturreichen, herbstfärbenden Gräsern und ausdrucksstarken Spätsommer- und Herbststauden.

Vom Frühsommer bis in den Winter hinein bilden die hohen Stauden und Gräser im Beethintergrund einen wirkungsvollen Sichtschutz, sodass für dieses Beet (4,80 x 2,50 m) ein freier, sonniger Standort an der Grundstücksgrenze oder neben der Terrasse ideal ist. Der Boden sollte nährstoffreich, nicht zu trocken und durchlässig sein (Lebensbereiche: Beet B oder frische bis feuchte Freifläche FR 2–3).

FRÜHLING: Der Frühling kommt auf diesem Beet in kräftigem Rot und leuchtendem Orange daher. Im Mai öffnen sich die schlanken, rötlich gezeichneten Knospen der Lilienblütigen Tulpe 'Ballerina' und erstrahlen in changierenden Orangetönen. In kleinen Gruppen tanzen sie um die drei Pfingstrosen 'Peter Brand', die jetzt ihre glänzenden Blüten in einem dunklen Rubinrot entfalten. Die Tulpen geben uns

mit ihrem herrlichen Duft eine willkommene Zugabe fürs perfekte Frühlings-
feeling.

SOMMER: Im Frühsommer ziehen sich in
einem langen Band die filigranen Blütenstände des Sternkugel-Lauchs wie stacheli-
ge, violette Bälle durch das feine, dunkel-
grüne Laub der erst ab August blühenden
Kissen-Astern. Auch wenn die Blütenbälle
verblüht sind, setzen sie mit den dann
strohgelben, ausdrucksstarken Strukturen
wirkungsvolle Akzente ins Beet.

Im Juli gesellen sich die orangeroten
Blüten der Sonnenbraut 'Baudirektor
Linne', die stahlblauen Blütenkugeln der
Kugeldistel 'Veitch's Blue' und der Felbe-
rich mit seinen geschwungenen, weißen
Blütenkerzen dazu. Die Hohe Fetthenne
'Matrona' bietet mit dunklen Stielen, den
flachen Blütendolden, die schon lange vor
der Blüte das Beet zieren und ihrem dickfleischigen Laub den ganzen Sommer über
einen stets ansprechenden Blickpunkt.
Doch der Eyecatcher im Beet ist von Juli bis
in den September hinein die Rote Engelwurz mit ihren kuppelförmigen Blütenständen in tiefem Weinrot.

Viele Blütenstauden, die uns mit ausdau-
erndem Flor teilweise bis in den Spätherbst
begleiten, beginnen jetzt zu blühen. Die
niedrigen Kissen-Astern im Beetvordergrund öffnen im August zaghaft einige
Blüten und die ersten Sterne der Raublatt-
Astern blitzen im dunklen Grün ihrer
hohen, makellos im Beet stehenden Laub-
kuppeln. Die Ruten-Aster 'Lovely' legt mit
unzähligen, rosa Blütensternchen einen
zarten Schleier übers Beet (s. S. 101).

Auch die Gräser haben sich inzwischen
zu imposanten Gestalten entwickelt. Das
China-Schilf 'Ferner Osten' entfaltet seine
rötlichen Blütenrispen, die einen herrlichen Formenkontrast zu den weinroten
Blütendolden des Kleinen Purpurdostes
'Augustrubin' und den schlanken, rubinroten Blütenkerzen des Kerzen-Knöterichs bilden. Das Lampenputzergras 'Herbstzauber'
breitet im Beetvordergrund seine duftigen
Blütenwalzen zwischen den Kissen-Astern
aus und legt sich in kompakten, überhängenden Horsten über den Beetrand.

HERBST: Fast alle Stauden und Gräser
stehen jetzt in voller Blüte und bilden
zum Ausklang des Gartenjahres einen

◄ **Die Hohe Fetthenne
'Matrona'** überzeugt zu jeder
Jahreszeit. Selbst im Winter
bringt sie mit ihren standfes-
ten, rotbraunen Samenständen
Struktur und Farbe aufs Beet.

▲ **Die Rudbeckie** blüht bis in
den Oktober hinein – ein willkommener Anker für die feinen
Fäden des Altweibersommers.

▶ **Die vertrockneten Blütenstände des Sternkugel-Lauchs**
schauen sehr dekorativ aus
dem dunkelgrünen Blattteppich der Astern hervor, die erst
im September in voller Blüte
stehen werden.

Pflanzrezept

▲ **Im September entfaltet das Diamant-Reitgras** seine filigranen, silbrig rosa Blütenrispen – ein wunderbarer Kontrast zum klar konturierten, kupfrig verfärbten Laub der Pfingstrosen und dem Blau der Astern.

▶ **Die violetten Blüten des Fein-strahls** (*Erigeron*-Hybride) 'Strahlen-meer' erinnern an Herbst-Astern, erscheinen jedoch schon im Juni und sind daher eine willkommene Ergänzung.

Nr.	Pfl.*	Ges.**	Botanischer Name	Deutscher Name	Blüte / Monat	Höhe / cm
Zwiebelpflanzen						
1	3	30	*Allium christophii*	Sternkugel-Lauch	VI–VII	60
2	5	65	*Tulipa* 'Ballerina'	Lilienblütige Tulpe	V	50
Stauden						
3	1	1	*Angelica gigas*	Rote Engelwurz	VII–IX	140
4	3	3	*Aster dumosus* 'Silberblaukissen'	Kissen-Aster	VIII–X	40
5	3	3	*Aster dumosus* 'Starlight'	Kissen-Aster	VIII–X	30
6	1	1	*Aster ericoides* 'Pink Star'	Myrten-Aster	IX–X	120
7	3	3	*Aster novae-angliae* 'Barr's Blue'	Raublatt-Aster	VIII–X	150
8	2	2	*Aster novae-angliae* 'Purple Dome'	Raublatt-Aster	IX–X	50
9	3	6	*Aster novae-angliae* 'Rubinschatz'	Raublatt-Aster	VIII–X	130
10	1	1	*Aster vimineus* 'Lovely'	Ruten-Aster	VIII–IX	80
11	1	1	*Bistorta amplexicaule* 'Atropurpureum'	Kerzen-Knöterich	VIII–X	80
12	1	1	*Echinops ritro* 'Veitch's Blue'	Kugeldistel	VII–IX	60
13	1	1	*Eupatorium fistulosum* 'Augustrubin'	Kleiner Purpurdost	VIII–X	140
14	2	2	*Helenium*-Hybride 'Baudirektor Linne'	Sonnenbraut	VII–IX	130
15	1	1	*Lysimachia clethroides*	Schnee-Felberich	VII–IX	70
16	1	3	*Paeonia lactiflora* 'Peter Brand'	Pfingstrose	V–VI	80
17	2	2	*Rudbeckia fulgida* var. *sullivantii* 'Goldsturm'	Sonnenhut	VIII–X	80
18	2	2	*Sedum-Maximum*-Hybride 'Matrona'	Hohe Fetthenne	VIII–X	60
Gräser						
19	1	2	*Calamagrostis brachytricha*	Diamant-Reitgras	IX–X	90
20	1	2	*Miscanthus sinensis* 'Ferner Osten'	China-Schilf	VIII–X	130
21	1	3	*Pennisetum alopecuroides* 'Herbstzauber'	Lampenputzergras	VIII–IX	60–80

*Anzahl der Pflanzen pro Pflanzstelle ** Gesamt-Anzahl der für das Beet benötigten Pflanzen

wahren Farbenrausch. Hinzu kommen die warmen Töne des sich nach und nach herbstlich verfärbenden Laubes, das eine stimmungsvolle Untermalung bildet. Jetzt schieben sich die straff aufrecht wachsenden Blütenstände des Diamant-Reitgrases aus ihren Blatthorsten und entfalten sich zu zarten Rispen in silbrigem Rosé. Wenn sich die Tautropfen der ersten morgendlichen Herbstnebel darin fangen, funkeln sie wie Edelsteine. Die Myrten-Aster 'Pink Star' bildet unzählige zart pinke Miniaturblüten über filigranem Laub, dazu setzt die niedrige Raublatt-Aster 'Purple Dome' mit kompaktem Wuchs einen bis in den November andauernden Blühaspekt in dunklem Violett ins Beet. Im Beethintergrund entfalten die hohen Raublatt-Astern in den Sorten 'Barr's Blue' und 'Rubinschatz' ein Meer aus Sternenblüten in leuchtendem Rubinrot und Blauviolett. Der Sonnenhut 'Goldsturm' im Beetvordergrund schiebt unermüdlich, oft bis in den Oktober hinein, frische Blüten hervor.

WINTER: Wenn Ende Oktober das Blühen nach und nach verblasst, rücken andere ästhetisch wirksame Eigenschaften der Stauden in den Fokus des Betrachters. Jetzt zählen kontrastreiche Formen und Strukturen, attraktive Samenstände und Stän-

Pflanzen zum Ergänzen und Variieren

▶ **Stauden**

Goldgarbe (*Achillea-Filipendulina*-Hybride 'Walter Funcke')

Myrten-Aster (*Aster ericoides* 'Blue Star')

Etagen-Aster (*Aster lateriflorus* 'Lady in Black')

Raublatt-Aster (*Aster novae-angliae* 'Andenken an Paul Gerber')

Purpur-Sonnenhut (*Echinacea purpurea* 'Kim's Knee High', 'Razzmatazz')

Feinstrahl (*Erigeron*-Hybride 'Strahlenmeer')

Storchschnabel (*Geranium*-Hybride 'Rozanne')

Sonnenbraut (*Helenium*-Hybride 'Septembergold', 'Rubinzwerg')

Stauden-Sonnenblume (*Helianthus microcephalus* 'Lemon Queen')

Indianernessel (*Monarda-Fistulosa*-Hybride 'Blaustrumpf', 'Beauty of Cobham')

Großblatt-Phlox (*Phlox amplifolia* 'David')

Hohe Flammenblume (*Phlox paniculata* 'Kirmesländer')

Goldrute (*Solidago sempervirens* 'Goldene Welle')

Raue Goldrute (*Solidago rugosa* 'Fireworks')

Wiesenraute (*Thalictrum delavayi*)

▶ **Gräser**

Diamantgras (*Achnatherum calamagrostis* 'Algäu')

Rasen-Schmiele (*Deschampsia cespitosa* 'Tardiflora')

Chinaschilf (*Miscanthus sinensis* 'Ghana')

Riesen-Pfeifengras (*Molinia arundinacea* 'Transparent')

Blaue Ruten-Hirse (*Panicum virgatum* 'Prairie Sky')

Lampenputzergras (*Pennisetum orientale* 'Karley Rose')

gel. Dazu verleihen die morbiden Farben dem Beet eine ganz neue Ausstrahlung. Im November und Dezember, nach den ersten Nachtfrösten, bilden abgestorbene Pflanzenskelette, die standhaft Feuchtigkeit, Wind und Frost trotzen, Gartenbilder von subtiler Schönheit. Wahre Sternstunden im Garten kann man erleben, wenn sich Raureif oder Schnee über Nacht auf die abgestorbenen Pflanzen legen und das Beet in eine bizarre Winterwelt verwandeln.

Pflege rund ums Jahr

FRÜHLING: Bis Anfang März alle alten, abgestorbenen Pflanzenreste vom Beet entfernen. Die Horste der Gräser zurückschneiden. Das Lampenputzergras kann nach einigen Jahren, wenn die Blühwilligkeit nachlässt, im Frühjahr geteilt werden.

SOMMER: Astern, Sonnenbraut und Sonnenhut sollten in ausgedehnten Trockenperioden durchdringend gewässert werden. Verblühte Triebe können ausgeschnitten werden, so verlängert sich die Blütezeit. Aufkommende Sämlinge der Stauden und Gräser regelmäßig aus dem Beet entfernen, da sie sonst die Pflanzenkomposition aus dem Gleichgewicht bringen.

HERBST: Astern nach der Blüte zurückschneiden, um Samenansatz und Selbstaussaat zu vermeiden. Die anderen verblühten und absterbenden Stauden möglichst nicht zurückschneiden, denn sie sorgen im Spätherbst für attraktive Gartenbilder.

Dekoration

Zum Ausklang des Gartenjahres stellt uns die Natur eine vielfältige Palette herrlicher Materialien kostenlos zur Verfügung und verleitet uns zum Sammeln und Dekorieren: Hagebutten in vielen verschiedenen Formen und Farben, Kürbisse, Äpfel und Birnen, Zier-Äpfel in Miniformat in leuchtendem Orange und ein paar Zweige von Schneebeere, Efeu und Schönfrucht mit leuchtenden Beeren in Rosa, Weiß oder Violett lassen sich auf flachen Schalen, in Körben oder direkt auf einem Gartentisch zu stimmungsvollen Herbstdekorationen arrangieren.

Die üppigen, ausdrucksstarken Doldenblüten der Hortensien sind wahre Verwandlungskünstler und nehmen jetzt morbide, grünliche Farbtöne an. Sie sind wunderbar geeignet, um mit etwas Bindedraht kunstvolle Kränze oder Bouquets zu binden. Vielgestaltige Blätter in bunten Herbsttönen finden sich jetzt überall. Besonders gut geeignet zum Drapieren und Dekorieren sind die langen, im Herbst glühend rot verfärbten Ranken des Wilden Weins. Die intensiven Blütenfarben von Astern und Chrysanthemen in Töpfen bilden eine schöne Ergänzung.

Herbstlicher Fruchtscmuck

▶ **Pflanzen mit besonders schönen Früchten**

Liebesperlenstrauch (*Callicarpa bodinieri*)

Weißer Hartriegel (*Cornus alba* 'Elegantissima')

Pfaffenhütchen (*Euonymus europaeus* 'Red Cascade')

Zier-Apfel (*Malus*-Hybride 'Professor Sprenger')

Feuerdorn (*Pyracantha* 'Soleil d'Or')

Ramblerrosen (*Rosa* 'Francis E. Lester', *Rosa* 'Kew Rambler', *Rosa mulliganii*)

Kletterrose (*Rosa rubrifolia* 'Sir Cedric Morris')

Strauchrosen (*Rosa moyesii* 'Geranium', *Rosa pimpinellifolia* 'Single Cherry')

Weiße Heckenbeere (*Symphoricarpos albus laevigatus* 'White Hedge')

Amethystbeere (*Symphoricarpos doorenbosii* 'Magic Berry')

▼ **Eine perfekte Inszenierung nach dem Motto: Weniger ist mehr.** Die beiden künstlichen Kürbisse mit dekorativer Patina sind optisch mit der Gartenbank aus Stein verbunden. Die roten Beeren der Stechpalme, gelb färbende Funkienblätter, Hohe Fetthenne und letzte Blütenkerzen des Kerzen-Knöterichs setzen im Zusammenspiel mit dem kupferroten Herbstlaub der Felsenbirne das Trio ins rechte Herbstlicht.

◄ **Auf diesem liebevoll dekorierten Gartentisch** findet sich alles, was der Garten im Oktober für ein herbstliches Potpourri bereithält. Neben der in kräftigem Rubinrot blühenden Chrysantheme im Terrakottatopf steht ein selbst gebundener Blumenstrauß, in dem Kissen-Astern, braunrote Dolden der Fetthenne, weiße Früchte der Schneebeere und Eisenhut malerisch mit herbstlich kolorierten Forsythienzweigen und Hortensienblättern kombiniert wurden. Ein Zweig vom Liebesperlenstrauch und einige Äpfel ergänzen das stimmungsvolle Herbstbild.

▼ **Auf der hellblauen Metallbank** kommt der graugrüne, echte Kürbis optimal zur Geltung. Wer genau hinschaut, sieht, dass er liebevoll mit zwei Asternblüten dekoriert ist. Einige Hagebuttenzweige vom letzten Herbstspaziergang und die gelben Äpfel bringen das herbstliche Arrangement zum Leuchten. Die Teppichbeere (*Gaultheria*) im dekorativen, mit Moos ausgekleideten Drahtkorb wird mit ihrem immergrünen Laub und roten Beeren bis in den Winter hinein schön anzusehen sein.

WINTER
Zauberhafte Formen und Strukturen

„Mit ganz anderem, breiten Pinselstrich arbeitet der Schnee und
holt eine völlig andere Schönheit aus der Pflanzenwelt heraus."

Karl Foerster (1874–1970)

Winterliche Beete wollen mit anderen Augen betrachtet werden – der Fokus liegt jetzt auf Formen, Konturen und Strukturen. Legt sich der Winter mit einer weißen Schneedecke darüber, ergeben sich ganz ungewohnte, vielgestaltige, mitunter auch skurrile Gartenbilder. Einzelne kräftige Farbakzente durch intensive Rindenfarben, immergrüne Gehölze und Stauden sowie die Aststrukturen Laub abwerfender Gehölze und Bäume geben dem winterlichen Garten sein individuelles, charakteristisches Gesicht.

Dezember

Wer im Herbst die Beete frühzeitig abräumt, bringt sich im Winter um wundervolle, bizarre Gartenbilder, wenn sich der Frost mit feinen Eiskristallen um die vertrockneten Samenstände und das abgestorbene Laub der Stauden legt und den Garten, manchmal nur für wenige Stunden, in eine glitzernde Märchenwelt verwandelt.

Doch der Winter hält noch andere Wunder für uns bereit. Zarte, eigentümlich geformte Blüten sitzen an kahlen Ästen, trotzen Frost und Schnee und verströmen betörende Düfte, die weit durch den Garten streifen. Letzte leuchtende Früchte wie Hagebutten oder Zier-Äpfel und intensive Rindenfarben brillieren vor dem dunklen Hintergrund wintergrüner Gehölze und Stauden und geben dem Garten ein völlig neues Gesicht.

▼ **Überraschend hat der Winter** diesen durch formale Heckenelemente strukturierten Garten in eine weiße Schneedecke gehüllt. Die winzigen orangen Früchte des Zier-Apfels leuchten in einem ganz besonderen Licht, und das vertrocknete, kupfrig rote Laub der Buchenhecke, über die sich noch herbstlich verfärbte Blätter des Blauregens malerisch neigen, tritt ausdrucksvoll in den Vordergrund.

WINTER – Zauberhafte Formen und Strukturen

▼ **Stauden, die auch im Winter** ihr Laub behalten, sind kostbare Gartenschätze, denn sie bringen in der tristen Jahreszeit Farbe aufs Beet. Der Kriechende Günsel 'Elmblut' ist ein wintergrüner Bodendecker für sonnige und halbschattige Beete. Sein glänzendes, braunrotes Laub bleibt den ganzen Winter über attraktiv und wirkt besonders apart, wenn der Frost sich mit winzigen Eiskristallen darübergelegt hat.

▲ **Während manche Stauden** mit dem ersten Frost in sich zusammenfallen, präsentieren sich standhafte Vertreter im Winter nochmals in völlig neuem Licht. Zu ihnen gehört der monumentale Riesen-Ehrenpreis, der mit seinen haltbaren, straff aufrechten Samenständen ein ausdrucksstarkes, vertikales Element im winterlichen Garten bildet.

▶ **Wie eine Schicht Puderzucker** hat sich der Schnee auf die sorgfältig geschnittene Buchsbaumspirale gelegt und lässt ihre Konturen noch stärker hervortreten. Wintergrüne Laub- und Nadelgehölze sind wertvolle Struktur- und Raumbildner, die Farbe in den winterlichen Garten bringen und als wirkungsvolle Kulisse für Laub abwerfende Gehölze fungieren.

Januar & Februar

Manchmal schon Ende Januar schieben sich neben den weißen Blüten der Christrosen, unbeirrt von Schnee und Frost, die ersten Blattspitzen der Schneeglöckchen aus dem kalten Boden und erfüllen uns mit Vorfreude auf das kommende Frühjahr. Bald werden sie wie kleine Blumensträuße auf den Beeten, im Rasen oder unter Bäumen und Sträuchern ihre zarten nickenden Blüten entfalten. Im Zusammenspiel mit den leuchtend gelben Blütenschalen des Winterlings, die sich stolz auf einem grünen Blattkranz präsentieren, und den zarten lavendelfarbenen Blüten des Elfen-Krokus bieten sie in den ersten intensiveren Strahlen der Vorfrühlingssonne ein unvergleichliches Farbenspiel.

▶ **Die Zaubernuss** gehört zu den attraktivsten, im Winter und Vorfrühling blühenden Gehölzen. Ihre langen Blütenfäden, die sich bei Frost zusammenrollen und anschließend wie durch einen Zauber wieder zu bizarren Büscheln entfalten, sind kleine Wunderwerke der Natur.

▲ **Schneeglöckchen und Winterling** sind Wanderer zwischen den Jahreszeiten. In milden Wintern blüht das attraktive Vorfrühlingspaar bereits im Februar. Gibt man ihnen im Garten ein ungestörtes Plätzchen unter Gehölzen, bilden sie mit den Jahren leuchtende Blütenteppiche und wandern in angrenzende Rasenflächen ein.

WINTER – Zauberhafte Formen und Strukturen

◄ **Es ist immer wieder ein kleines Wunder der Natur**, wenn sich im Spätwinter oder Vorfrühling die frischen, grünen Blätter der Zwiebelblumen unerschrocken aus dem Boden schieben und sich die Blüten aus ihrer Mitte kraftvoll ihren Weg nach oben bahnen. Von Frost und Schnee unbeeindruckt setzen sie bunte Farbtupfer auf die Beete, die uns bald in Frühlingsstimmung versetzen.

▼ **Das Licht der tief stehenden Wintersonne** zaubert lebendige Lichtreflexe auf den kleinen, mit einer dünnen Schneedecke überzogenen, halbkreisförmigen Küchengarten und lässt die filigranen Strukturen der vertrockneten Aromapflanzen vor der Kulisse der mächtigen Buchsbaumkugeln aufblitzen.

Verwunschener Schattengarten am Hang

Das sich malerisch an einen Wald schmiegende Hanggrundstück besitzt einen besonderen Charme, stellte jedoch für die Besitzer aufgrund des Gefälles und des schmalen, lang gezogenen Zuschnittes eine gestalterische Herausforderung dar.

▲ **Eine innere Schönheit** offenbart der Garten nur ganz selten, wenn der Winter ihn sanft mit einem frostigen Schleier aus Eiskristallen überzieht.

Die schattige, von hohen Bäumen geprägte Lage und ein feuchter, teils schwerer, lehmiger Boden kamen erschwerend hinzu. Doch die Besitzerin wurde schnell vom Gartenvirus befallen und hat die Herausforderung mit Begeisterung angenommen. Beherzt wurde die Gartenplanung in die Hand genommen und ein eindrucksvolles Gartenkonzept entwickelt, das nach und nach mit Liebe und viel Eigenleistung umgesetzt wurde.

Herzstück des Gartens ist der einseitig durch formale Buchshecken gerahmte, kreisförmige Sitzplatz im unteren Gartenbereich. Er ist dezent durch niedrige Trockenmauern aus heimischem Obernkirchener Sandstein gefasst und fügt sich so harmonisch in das abschüssige Gelände ein. Ein von Beeten flankierter Kiesweg verbindet den Sitzplatz in sanftem Schwung mit dem oberen Gartenbereich und führt dann seitlich über mehrere Treppenstufen noch eine Etage höher zu den beiden Terrassen am Haus.

Die Bepflanzung der Beete, die Kiesweg und Sitzplatz rahmen, überzeugt durch ein gekonntes Zusammenspiel von Farben und Formen. Streng formale Gestaltungselemente wie Buchskugeln, Kugel-Blutberberitzen mit dunkel weinrotem Laub und Säulen-Eiben bilden den ruhigen Rahmen für eine lebendige, farbenfrohe Bepflanzung, die im Laufe der Jahreszeiten immer neue, überraschende Blühaspekte in den Garten zaubert.

Von der grünen Holzbank, die man über einen schmalen, mit Klinkern gepflasterten Weg erreicht, hat man einen schönen Blick über die Beete, den runden Sitzplatz und das schmucke Gartenhaus im Hintergrund und kann den Garten im Wandel der Jahreszeiten genießen. Im Frühling stehen Narzissen und Tulpen in kleinen Sträußchen zwischen den noch sehr klar hervortretenden Formgehölzen und verleihen dem Garten einen dezenten, zurückhaltenden Frühlingscharme. Im Mai übernehmen die violetten Blütenkugeln des Zier-Lauchs die Regie im Beet. Für eine wildromantische Note sorgen Ramblerrosen und Clematis im Frühsommer, wenn sie im Beethintergrund zielstrebig die oberen Etagen der Gehölze erklimmen und sich über der Gartenbank malerisch wieder nach unten fallen lassen. Im Hochsommer leuchten Flammenblumen, Indianernesseln, Sonnenhut & Co. in kräftigen Farbklängen. Später im Herbst verzaubern viele Gehölze mit weit durch den Garten leuchtendem Blattkolorit.

▶ **Die Indianernessel** kommt vor dem dunklen Grün der formalen Hecken im Zusammenspiel mit den üppigen Dolden von Flammenblume und Hortensie und den karminroten Blütenständen des Kerzen-Knöterichs besonders gut zur Geltung.

▼ **Im Frühling** präsentieren sich die Formgehölze auf den Beeten besonders klar. Von der oberen Terrasse aus hat man zu jeder Jahreszeit einen herrlichen Blick nach unten auf den runden Sitzplatz und die Beete seitlich des Kiesweges.

▲ **Im Oktober** streifen sich Zaubernuss und Flügel-Spindelstrauch ihre flammenden Herbstkleider über und ziehen alle Blicke auf sich. Vor dem dunkelgrünen Laub der Ramblerrose 'Paul's Himalayan Musk', die sich über das Gartenhaus legt, leuchten die ornamentalen Blätter der Funkie in herbstlichem Braun und Gelb.

Gestaltung

Winterzauber im Garten

Einige Stauden und Gräser stehen, nachdem ihre Blütenpracht längst vergangen ist, mit ausdrucksstarken Fruchtständen und festen Stielen standhaft im Staudenbeet und bilden interessante, oft bizarre Gartenbilder.

Winterbeete – verzauberte Pflanzenbilder

Abgestorbene Pflanzenteile von Purpur-Sonnenhut (*Echinacea*), Hoher Fetthenne (*Sedum*), Reitgras (*Calamagrostis* x *acutiflora* 'Karl Foerster') oder des eindrucksvollen Riesen-Ehrenpreises (*Veronicastrum virginicum*) trotzen jetzt im Winter Regen, Eis und Schnee und wirken am zauberhaftesten, wenn der Frost sie mit einem glitzernden Umhang aus winzigen Kristallen ummantelt hat. Zier-Äpfel mit lang haftenden Früchten in leuchtendem Orangerot und die bei Vögeln beliebten, für uns giftigen roten Beeren der Stechpalme setzen leuchtende Farbtupfer dazu. Das immergrüne Laub der Mahonien nimmt seine dunkelrote Winterfärbung an und bereichert farblich untermalt vom glänzenden, festen Laub der Bergenien und dem bronzefarbenen Winterlaub der Elfenblume schattige Gartenbereiche. Dazwischen setzen wintergrüne Farne wie Schildfarn (*Polystichum*) oder Goldschuppen-Farn (*Dryopteris affinis*) und die attraktiven Japan-Seggen (*Carex*) leuchtende Farbakzen-

te. Legt sich der Winter mit einer dicken Schneedecke darüber, entstehen ganz neue Gartenbilder mit außergewöhnlichen Formen und Konturen.

Leuchtende Rindenfarben und immergrüne Gehölze

Bäume und Sträucher sind besonders im Winter unverzichtbare Strukturbildner, die dem Garten sein unverwechselbares Profil geben. Sommergrüne Gehölze spiegeln mit ihrem wechselnden Erscheinungsbild und variierenden Laubfarben vom Frühling bis zum Herbst den Wandel der Jahreszeiten wider. Im Winter, wenn die Stauden in den Hintergrund treten, setzen sie mit ihrem charakteristischen Astgerüst und teilweise spektakulären, zierenden Rindenfarben in leuchtendem Rot, Gelb, Orange oder Weiß, neue Akzente. Immergrüne Gehölze, Formgehölze aus Eibe oder Buchs, geschnittene Heckenelemente sowie wintergrüne Stauden übernehmen den Part des glanzvollen Gegenspielers und bringen in ausdrucksstarkem Kontrast Farben und Strukturen optimal zur Geltung.

Winterblüher – ein Wunder der Natur

Im Winter ist jede zarte Blüte im Garten ein kostbarer Schatz. Diese Wunderwerke der Natur locken auch bei Eis und Schnee zu einem kurzen Gartenspaziergang, um sie aus der Nähe zu betrachten. Einen ganz eigenen Charme besitzen die fadenförmigen Blütenbüschel der Großblühenden Zaubernuss (*Hamamelis* x *intermedia*), die am besten in den intensiv leuchtenden, gelb blühenden Sorten 'Arnold Promise' und 'Westerstede' zur Geltung kommt. Viele winterblühende Gehölze verwöhnen uns zusätzlich mit intensiven Düften, wie das nahezu wintergrüne Winter-Geißlatt (*Lonicera* x *purpusii*) mit zarten, rahmweißen Blüten oder der Winter-Duftschneeball (*Viburnum farreri*) mit rosa Blütenknospen, die im Aufblühen ins Weiße wechseln und dann einen leichten Vanilleduft verströmen. Geradezu betörend ist der exotische Duft der Chinesischen Winterblüte (*Chimonanthus praecox*). Ihre kleinen Glockenblüten sind innen weinrot und außen hellgelb und überstehen auch stärkeren Frost unbeschadet. Der Winter-Jasmin (*Jasminum nudiflorum*) kann an Spalieren emporklimmen und erinnert mit seinen kleinen Glockenblüten an die im Frühling blühenden Forsythien. Viele winterblühende Gehölze blühen oft schon ab November und öffnen dann, begleitet von Christrose, Schneeglöckchen und Co., wenn das Wetter mild ist, den ganzen Winter über neue Blüten.

◀ **Die wintergrüne Stechpalme** (*Ilex*) gibt es in vielen attraktiven Sorten, auch mit gelb oder weiß gezeichnetem Laub, wie 'Argentea Marginata' oder 'Golden King'.

▲ **Die wintergrünen Horste** der Seggen und ein ganzes Heer formaler Buchskugeln geben diesem Beet auch im Winter Struktur und Farbe.

▶ **Kleine Schneeglöckchen-Sträußchen** und purpurviolette Blütentuffs der Zwerg-Iris stimmen mit den gelben Blüten der Zaubernuss auf den Frühling ein.

▼ **Das makellose, wintergrüne Laub** der Elfenblume, auf dem zarter Raureif liegt, hebt sich eindrucksvoll von den braunen Farnwedeln ab.

Gehölzschnitt

Ziergehölze sind wichtige Gestaltungselemente – sie bilden das Grundgerüst des Gartens. Viele Blütengehölze entwickeln erst durch regelmäßige Schnittmaßnahmen ihre volle Pracht. Hierbei spielen Wuchsform, Wuchsverhalten und Zeitpunkt des Blütenansatzes eine entscheidende Rolle, wodurch sich unterschiedliche Schnittgruppen ergeben.

Pflanzen der Gruppe 1

Sommerflieder (*Buddleja davidii*)
Bartblume (*Caryopteris*)
Säckelblume (*Ceanothus*)
Freiland-Fuchsien (*Fuchsia magellanica*)
Ball-Hortensie (*Hydrangea arborescens* 'Annabelle', 'Grandiflora')
Rispen-Hortensie (*Hydrangea paniculata*)
Blauraute (*Perovskia*)
Beet- und Hochstammrosen (*Rosa*)
Heiligenkraut (*Santolina*)
Sommerspiere (*Spiraea bumalda*)
Japanische Spiere (*Spiraea japonica*)

▶ **Die Ball-Hortensien** bilden ihre Blüten an den diesjährigen Trieben und können daher im zeitigen Frühjahr komplett zurückgeschnitten werden. Anfang Mai haben sie bereits frische Triebe gebildet, an denen im Hochsommer riesige weiße Blütenbälle sitzen werden. Bis sie ihre volle Pracht entfaltet haben, dekorieren im Frühling Lenzrosen und Gänsekresse die freien Beetflächen.

Gruppe 1: Kompletter Rückschnitt jedes Frühjahr

In diese Gruppe fallen alle Gehölze, die ihre Blüten an diesjährigen Trieben bilden, die jedes Frühjahr von Neuem aus der Basis treiben. Ihre Blütezeit liegt meist im Hochsommer oder Herbst. Sie sollten jedes Jahr zwischen März und April bis kurz über den Boden zurückgeschnitten werden, damit sie ihre volle Blütenpracht entfalten können und nicht von unten her verkahlen. Die Triebe von sehr früh blühenden Hochstämmchen wie Mandelbäumchen (*Prunus triloba*) oder Hänge-Weiden (*Salix caprea* 'Pendula', *Salix purpurea* 'Pendula') werden gleich nach der Blüte im Frühjahr bis zu zwei Dritteln eingekürzt. So bilden sie über den Sommer zahlreiche junge Triebe, die im nächsten Frühling für eine üppige Blütenpracht sorgen.

◄ **Weigelien** gehören zu den Blütengehölzen, die durch einen Auslichtungsschnitt vermehrt junge Triebe aus der Basis bilden, die üppigere Blüten ansetzen.

Pflanzen der Gruppe 2
Deutzie (*Deutzia*)
Goldglöckchen (*Forsythia*)
Garten-Hortensien (*Hydrangea*-Hybriden)
Perlmuttstrauch (*Kolkwitzia amabilis*)
Pfeifenstrauch (*Philadelphus*)
Blasenspiere (*Physocarpus*)
Strauch- und Wildrosen (*Rosa*)
Blut-Johannisbeere (*Ribes sanguineum*)
Schnee-Spiere (*Spiraea arguta*)
Schneeball (*Viburnum*)
Weigelie (*Weigela*)

Gruppe 2: Auslichtungs- und Verjüngungsschnitt

Zu dieser Gruppe gehören alle Gehölze, die von der Basis her Jahr für Jahr neue, lange Triebe bilden, die sich dann später verzweigen und Blüten bilden. Nach einigen Jahren lässt allerdings ihre Blühfähigkeit nach und sie verkahlen. Diese alten Triebe sollten regelmäßig alle paar Jahre von der Basis her ausgeschnitten werden. Hierdurch entsteht ausreichend Platz für eine optimale Entwicklung der neuen Triebe. Der natürliche Habitus des Gehölzes bleibt dabei erhalten. Gehölze mit attraktiver Rindenfarbe, beispielsweise der Weiße Hartriegel (*Cornus alba*), kommen durch diese Schnittmaßnahmen besonders gut zur Geltung, denn nur die jungen Triebe haben den charakteristischen Rindenfarbton. Der günstigste Zeitpunkt für den Schnitt ist unmittelbar nach der Blüte im zeitigen Frühjahr bzw. im Sommer.

Ist das Gehölz überaltert, in der Vergangenheit nicht richtig geschnitten worden, von innen verkahlt oder einfach zu groß, kann ein radikaler Verjüngungsschnitt oft Wunder wirken. Hierbei werden alle Äste auf 40 bis 60 cm hohe Stümpfe abgesägt. Die in den folgenden Jahren zahlreich an der Basis entstehenden Neutriebe werden ausgelichtet, sodass sich an jedem alten Aststumpf lediglich zwei bis drei kräftige Neutriebe entwickeln. Auch einige immergrüne Gehölze wie Rhododendron, Eibe, Kirschlorbeer, Mahonie oder Glanzmispel können so behandelt werden.

▶ **Der Rote Blumen-Hartriegel** ist ein herrlicher Solitärstrauch, der möglichst nicht beschnitten werden sollte.

Gruppe 3: Leichter Korrekturschnitt

Gehölze, die keine Verjüngungstriebe von der Basis her bilden, sondern sich wie Bäume nach oben harmonisch verzweigen und dabei ein dauerhaftes Astgerüst entwickeln, sollten so wenig wie möglich beschnitten werden. Nur vertrocknete, störende oder zu dicht stehende Triebe werden entfernt. Bei der Auswahl von Ziergehölzen aus dieser Gruppe ist es daher besonders wichtig, den Platzbedarf im ausgewachsenen Zustand zu berücksichtigen. Ein Rückschnitt würde den besonderen Wuchscharme und den oft malerischen Habitus dieser Gehölze zerstören, der auch im Winter ohne Belaubung zum Tragen kommt.

Bei buntlaubigen Gehölzsorten werden manchmal einzelne Triebe spontan in der ursprünglichen, rein grünen Form ausgebildet. Diese sind oft wüchsiger und sollten sofort dicht an der Ansatzstelle entfernt werden, damit sie den Wuchs des Gehölzes nicht aus dem Gleichgewicht bringen. Das gilt auch für durchtreibende Unterlagen veredelter Gehölze. Einige Gehölze, wie Magnolien, Tulpenbaum oder Ahorn sollten nur im Spätsommer geschnitten werden.

▶ **Lavendel** wirkt als kompaktes Blütenkissen am schönsten und wird daher jedes Frühjahr in Form geschnitten.

Gruppe 4: Rückschnitt an Zwerggehölzen für einen kompakten Wuchs

Manche Zwerggehölze und mediterrane Halbsträucher wie Lavendel oder Salbei neigen von der Basis her zum Verkahlen und fallen auseinander, wenn sie nicht jedes Jahr beschnitten werden. Der Schnitt wird im Frühjahr vor dem Austrieb bzw. bei Winterheide nach der Blüte vorgenommen, wobei über dem letzten grünen Trieb angesetzt wird. Schneidet man zu tief ins alte Holz, kann der Zwergstrauch eingehen.

Gruppe 5: Kletterpflanzen

Den meisten Kletterpflanzen wie Geißblatt (*Lonicera*), Wilder Wein (*Parthenocissus*) oder Kletter-Hortensie (*Hydrangea anomala* ssp. *petiolaris*) sollte man beim Erklimmen von Pergolen, Wänden und Zäunen freie Hand lassen. Sie wirken unbeschnitten am schönsten. Nur wenn sie sich zu stark ausbreiten und mehr Raum beanspruchen als vorgesehen, können sie ausgelichtet oder zurückgeschnitten werden. Überalterte Kletterer, die unansehnlich geworden sind, entfalten sich schnell zu neuer Pracht, wenn man sie im Frühjahr radikal bis auf ca. 50 cm über dem Boden zurückschneidet.

Blauregen (*Wisteria*) sollte dagegen in den ersten Jahren nach der Pflanzung sorgfältig erzogen werden. Nur einige Haupttriebe dürfen die Kletterhilfe erklimmen. Sie bilden die dauerhafte Basis, an der jedes Jahr im Frühsommer zusammen mit dem Laubaustrieb die Blütentrauben erscheinen. Die sich neu bildenden Seitentriebe werden jedes Jahr im Hochsommer bis auf etwa 10 cm lange Astzapfen zurückgeschnitten, sodass sich mit den Jahren ein kurzes Astgerüst mit reichem Blütenansatz bildet. Auch die Klettertrompete (*Campsis*) blüht üppiger, wenn man alle Seitentriebe im zeitigen Frühjahr, spätestens bis Ende Februar, bis auf kurze Astzapfen zurückschneidet.

Waldreben (*Clematis*) lassen sich in drei Schnittgruppen einteilen. Im Frühjahr blühende Wildarten wie *C. alpina*, *C. montana* oder *C. macropetala*, können bei nachlassender Blütenfülle direkt nach der Blüte zurückgeschnitten oder ausgelich-

tet werden. Die Triebe der großblumigen Hybriden werden regelmäßig geschnitten, früh blühende direkt nach der Blüte, im Sommer oder Herbst blühende im Frühjahr. Clematis-Arten, die an neuen, diesjährigen Trieben blühen wie *C. viticella* schneidet man im zeitigen Frühjahr bis auf 30 bis 40 cm über dem Boden zurück.

▼ **Blauregen** erfreut uns mit üppigen Blütentrauben, wenn er regelmäßig im Hochsommer zurückgeschnitten wird.

Immergrünes Winterbeet

Immergrüne Stauden mit attraktiven Blattfarben, zauberhafte Winterblüher und leuchtende Rindenfarben füllen das durch Hecken und Buchskugeln formal strukturierte Beet, das sich im Winter von seiner schönsten Seite zeigt. Zwischen den Stauden sitzen zahlreiche Zwiebelpflanzen, die in schlicht eleganter Farbstellung dem Beet im Frühling ein apartes, völlig neues Gesicht verleihen.

Dieses Winterbeet (3,10 x 2,10 m) mit dezentem Charme ist optimal platziert, wenn Sie es aus dem Haus heraus immer im Blick haben, denn gerade in der kalten Jahreszeit hat es einiges zu bieten. Auch im Vorgarten ist die Beetkomposition im Wandel der Jahreszeiten stets Ihre perfekte grüne Visitenkarte. Ist ausreichend Platz vorhanden, kann es in doppelter Ausführung auch beidseitig einen Zugangsweg zum Haus flankieren. Als Standort bietet sich ein freier, sonniger bis halbschattiger Platz mit humusreichem, gut durchlässigem Boden an (Lebensbereich: Gehölzrand GR 1–2).

FRÜHLING: Im April erhebt sich das frische, rötlich überhauchte Laub der Elfenblume über die zarten gelben Blütenrispen. Wenn im Mai die nickenden Schalenblüten der Orientalischen Lenzrosen bereits morbide Grüntöne annehmen, blicken die grünweiß gezeichneten Viridiflora-Tulpen 'Spring Green' über die niedrige Eibenhecke und setzen dem Beet einen schlichten, wirkungsvollen Glanzpunkt auf. Im cremeweiß gerandeten Blattaustrieb der Funkie 'Patriot' wiederholt sich das Farbthema der Tulpenblüte. Eine willkommene Ergänzung ist das weiß gepunktete Laub des Lungenkrautes 'Mrs. Moon', über dem sich die zarten von rosé über violett bis hellblau changierenden Blüten erheben. Während die Zaubernuss ihre ersten Blätter entfaltet, öffnen zu ihren Füßen kleine Sträußchen der Engelstränen-Narzisse 'Thalia' ihre weißen Blüten und verströmen einen betörenden Frühlingsduft. Im Beetvordergrund setzt die Purpur-Wolfsmilch jetzt ihrem matten, graubraunen Winterlaub frische, leuchtend rote Blattspitzen auf, die im spannungsreichen Kontrast zu den ab April erscheinenden grüngelben Blüten stehen.

SOMMER: Im Sommer lebt das Beet von dezenten, aber überaus wirkungsvollen Veränderungen: Die Funkie schiebt im Juni auf straffen hohen Stielen lavendelfarbene Blüten über ihr attraktives Laub, das nun von einem weithin strahlenden, weißen Rand geschmückt ist. Die filigranen Blütenstände der Purpurglöckchen ziehen sich wie feine Schleier durchs Beet und kommen vor den dunkelgrünen Buchskugeln und dem frisch austreibenden, den ganzen Sommer über attraktiven Laub der Lenzrosen besonders gut zur Geltung.

HERBST: Ab September hält der Herbst mit den feurigen Laubfarben der Zaubernuss 'Orange Beauty' und des Hartriegels 'Winter Beauty' in Orange und Gelb Einzug ins Beet. Über das Laub der Elfenblume legt sich bereits ein herbstlich kupfriger Farbenschleier und die großen Blätter der Funkie nehmen nun morbide bräunlich gelbe Farbtöne an, die im warmen Herbstlicht weithin leuchten und einen herrlichen Kontrast zu den streng formalen Buchskugeln bilden.

WINTER: Das attraktive, auberginefarbene Laub des Purpurglöckchens 'Sugar Frosting' bildet, von einem silbrigen Schleier überzogen, einen der Glanzpunkte im Winterbeet. Doch auch die Sorte 'Venus' mit ausdrucksstarker, rotbrauner Blattzeichnung bietet immer einen schönen Anblick. Die immergrünen, fein gefiederten

▲ Die grüngelben Blüten der Purpur-Wolfsmilch leuchten in der Aprilsonne und stehen in aufregendem Farbkontrast zu ihrem aubergineroten, wintergrünen Laub.

▶ Funkien mit weiß gerandetem Laub wie 'Patriot' bringen Licht und Lebendigkeit in schattige Beete.

▼ Bereits im Januar öffnen sich die ersten orangegelben Blüten der Zaubernuss 'Orange Beauty' und verwöhnen uns mit zartem Duft.

Pflanzrezept

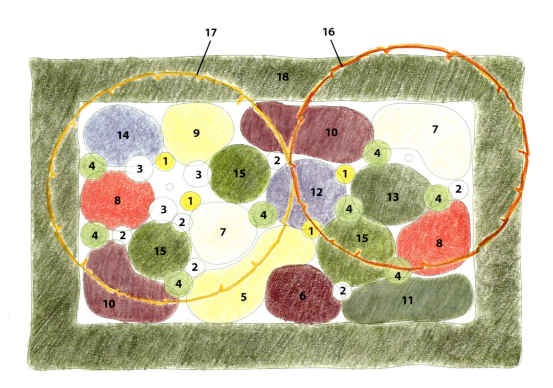

▲ **Im Mai** öffnet die aparte Viridiflora-Tulpe 'Spring Green' ihre grün gezeichneten Blüten

▶ **Die metallisch glänzenden**, braunroten Blätter des Purpurglöckchens 'Sugar Frosting' sind das ganze Jahr über attraktiv.

▼ **Der Kriechende Günsel** 'Elmblut' ist mit seinem rotbraunen, wintergrünen Laub und den leuchtend blauen Blütenkerzen im Frühling eine wunderbare Beetergänzung.

Nr.	Pfl.*	Ges.**	Botanischer Name	Deutscher Name	Blüte / Monat	Höhe / cm
Zwiebel- und Knollenpflanzen						
1	10	40	*Eranthis hyemalis*	Winterling	II–III	5
2	15	90	*Galanthus nivalis*	Schneeglöckchen	II–III	10
3	5	15	*Narcissus* 'Thalia'	Engelstränen-Narzisse	IV–V	40
4	5	40	*Tulipa* 'Spring Green'	Viridiflora-Tulpe	V	60
Stauden						
5	3	3	*Epimedium x versicolor* 'Sulphureum'	Elfenblume	IV–V	30
6	1	1	*Euphorbia amygdaloides* 'Purpurea'	Purpur-Wolfsmilch	IV–V	40
7	1/2	3	*Helleborus niger*	Christrose	I–IV	25
8	1	2	*Helleborus-Orientalis*-Hybride 'Pink Lady'	Orientalische Lenzrose	II–V	40
9	1	1	*Helleborus-Orientalis*-Hybride 'Yellow Lady'	Gelbe Lenzrose	II–V	40
10	2	4	*Heuchera*-Hybride 'Sugar Frosting'	Purpurglöckchen	VI–VIII	30
11	2	2	*Heuchera*-Hybride 'Venus'	Purpurglöckchen	VI–VIII	30
12	1	1	*Hosta*-Hybride 'Patriot'	Funkie	VI–VII	50
13	1	1	*Polystichum setiferum Proliferum* 'Herrenhausen'	Flacher Filigranfarn		40
14	1	1	*Pulmonaria saccharata* 'Mrs. Moon'	Geflecktes Lungenkraut	III–V	25
Gehölze						
15	1	3	*Buxus sempervirens arborescens*	Buchsbaum (Kugelform)	–	30
16	1	1	*Cornus sanguinea* 'Winter Beauty'	Roter Hartriegel	IV–V	200
17	1	1	*Hamamelis x intermedia* 'Orange Beauty'	Zaubernuss	I–III	250
18	27	27	*Taxus media* 'Hillii'	Eiben-Hecke	–	40

*Anzahl der Pflanzen pro Pflanzstelle ** Gesamt-Anzahl der für das Beet benötigten Pflanzen

Wedel des Filigranfarns wirken besonders dekorativ, wenn sie nach einer frostigen Nacht von einem glitzernden Schleier aus zarten Eiskristallen überzogen sind. Meist pünktlich zur Weihnachtszeit öffnen die Christrosen ihre weißen, edlen Blüten, die Eis und Schnee standhaft trotzen. Ab Februar folgen die Orientalischen Lenzrosen in Rosé und zartem Grüngelb. Kleine Sträußchen des Schneeglöckchens und die gelben Köpfe des Winterlings, die sich in der Wintersonne zu goldenen Blütenschalen öffnen, wecken erste Frühlingsgefühle. Die beiden Wanderer zwischen den Jahreszeiten wirken besonders apart, wenn sich ihre Blüten über einer glitzernden weißen Schneedecke öffnen. In der oberen Beetetage ist mitten im Winter ein Wunder der Natur zu beobachten, denn jetzt entfalten sich die Blüten der Zaubernuss: Ihre fadenförmigen, leuchtend orangegelben Blütenblätter sitzen in Büscheln dicht an dicht wie kleine Spinnen auf den Ästen. Bei Frost rollen sie sich einfach auf und überstehen so auch bitterkalte Winternächte unbescha-

Wedel des Filigranfarns entfernen. Der frische Blattaustrieb von Christrosen und Lenzrosen kann sich optimal entfalten, wenn nach der Blüte abgestorbenes Laub entfernt wird. Nachdem Winterling und Schneeglöckchen verblüht sind, reichlich Kompost auf dem Beet verteilen und leicht oberflächlich einarbeiten, dabei die austreibenden Narzissen und Tulpen nicht beschädigen. Das Laub der verblühten Frühlingsblüher erst entfernen, wenn es völlig vertrocknet ist. Im Mai die Buchskugeln das erste Mal in Form schneiden. Dabei den frischen Austrieb um etwa ein Drittel zurückschneiden. Jedoch niemals an heißen, sonnigen Tagen schneiden, da sonst die Schnittflächen verbrennen und unansehnlich braun werden. Der Rote Hartriegel sollte nach der Blüte alle ein bis zwei Jahre bis zum Boden zurückgeschnitten werden. So wird er nicht zu mächtig und bildet aus der Basis zahlreiche junge Triebe, die im Winter mit ihrer ausgeprägten Rindenfarbe für ein leuchtendes Farbenspiel sorgen. Die Zaubernuss sollte nicht beschnitten werden – sie wirkt in ihrem natürlichen Habitus am schönsten.

SOMMER

Die Eibenhecke im Spätsommer in Form schneiden. Sollte das Laub des Lungenkrautes bei längerer Trockenheit unansehnlich werden, kann es komplett zurückgeschnitten werden. In kurzer Zeit entwickelt sich ein frischer, dekorativer Blatthorst. Verblühte Blütenstände der Funkie entfernen. Bei Bedarf die Buchskugeln ein zweites Mal in Form schneiden.

HERBST

Das Falllaub von Zaubernuss und Hartriegel von den wintergrünen Stauden entfernen. Verblühte Blütenstände der giftigen Wolfsmilch können abgeschnitten werden (Handschuhe tragen!).

det, um sich dann in voller Pracht wieder zu entfalten. Eine spektakuläre farbliche Ergänzung bilden dazu die orangegelben, rot gespitzten Triebe des Hartriegels 'Winter Beauty'.

Pflege rund ums Jahr

FRÜHLING: Anfang März vertrocknetes Laub der Elfenblume und des Purpurglöckchens abschneiden. Unansehnliche

---

Pflanzen zum Ergänzen und Variieren

▶ **Immergrüne Stauden und Gräser**
Kriechender Günsel (*Ajuga reptans* 'Elmblut')
Haselwurz (*Asarum europaeum*)
Bergenie (*Bergenia*-Hybride 'Herbstblüte')
Gelbbunte Japan-Segge (*Carex morrowii* 'Aureovariegata')
Breitblatt-Segge (*Carex pantaginea*)
Elfenblume (*Epimedium rubrum*, *Epimedium*-Hybride 'Amber Queen')
Duftende Nieswurz (*Helleborus odorus*)
Lenzrose (*Helleborus*-Hybride 'Pink Frost', 'Silvermoon')
Purpurglöckchen (*Heuchera*–Hybride 'Mocha', 'Strawberry Swirl')

▶ **Sommergrüne Stauden**
Teppich-Waldrebe (*Clematis x jouiniana* 'Stanislaus')
Siebenbürger Leberblümchen (*Hepatica transsylvanica* 'Blue Jewel')
Weißrand-Funkie (*Hosta*-Hybride 'Francee')
Funkie (*Hosta*-Hybride 'Night Before Christmas', 'Dream Weaver')
Rotstiel-Funkie (*Hosta*-Hybride 'One Man's Treasure')
Teppich-Schlüsselblume (*Primula x pruhoniciana* 'Herzblut')
Kissen-Primel (*Primula vulgaris*)

▶ **Gehölze**
Weißbunter Hartriegel (*Cornus alba* 'Elegantissima')
Flügel-Spindelbaum (*Euonymus alatus* 'Compactus')
Zaubernuss (*Hamamelis intermedia* 'Pallida')
Rispen-Hortensie (*Hydrangea paniculata* 'Phantom')
Schnee-Kirsche (*Prunus subhirtella* 'Autumnalis')
Winter-Duftschneeball (*Viburnum x bodnantense* 'Dawn')

▶ **Zwiebelpflanzen**
Frühlings-Krokus (*Crocus vernus* 'Vanguard')
Schachbrettblume (*Fritillaria meleagris*)
Breitblättriges Schneeglöckchen (*Galanthus woronowii*)
Hasenglöckchen (*Hyacinthoides non-scripta* 'Rosea')
Cyclamineus-Narzisse (*Narcissus* 'February Silver')
Engelstränen-Narzisse (*Narcissus* 'Hawera')
Trompeten-Narzisse (*Narcissus* 'Holland Sensation')
Darwin-Tulpe (*Tulipa* 'Pink Impression')

Mediterranes Kiesbeet mit winterlichem Charme

Dieses Beet bringt südländisches Flair in Ihren Garten und ist im Winter ein echter Hingucker. Mediterrane Stauden und Gehölze, die selbst bei extremer Hitze und Trockenheit im Sommer stets cool bleiben und in der kalten Jahreszeit durch ihr strukturreiches Laub in Blaugrün- und Grautönen das Beet beleben, halten Sie stets in Urlaubsstimmung.

Vor einer sonnigen Südwand an der Terrasse am Haus, seitlich von einer niedrigen Trockenmauer gerahmt, ist das mediterrane Beet (2,00 x 3,50 m) perfekt in Szene gesetzt. Im Kiesgarten ist es in seinem Element, es lässt sich aber auch sehr gut in Pflasterflächen integrieren (gut drainierter, mäßig nährstoffreicher Boden). Soll das Beet als Insel in einer Rasenfläche liegen, sorgt ein breiter Rahmen aus Natursteinen dafür, dass die Splittsteinchen nicht so leicht in die Rasenfläche wandern. Achten Sie darauf, dass Sie das Beet aus dem Haus heraus immer im Blick haben, damit Sie auch in der kalten Jahreszeit vom sonnigen Süden träumen können (Lebensbereich: Trockene Freifläche Fr 1).

FRÜHLING: Die leuchtend gelben Blüten des frühen Botanischen Krokus 'Kiss of Spring' erscheinen manchmal schon im Februar. In kleinen Gruppen über das Beet verteilt, bilden sie einen lebendigen Kontrast zu den dezenten, graugrünen Blattfarben der wintergrünen Stauden und Gehölze. Im Beetvordergrund liegen die schuppenartig belaubten Triebe der Walzen-Wolfsmilch, die ab Ende April mit intensiv gelben Blüten überzogen sind. Auch die imposante Palisaden-Wolfsmilch öffnet im späten Frühling ihre mächtigen, gelben Blütenkuppeln über stets attraktivem, graugrünem Laub. Die Hohe Bart-Iris 'Lovely Again' blüht ab Mai in edlem Lavendelblau. Zwischen ihren grauen Blattschwertern sitzen die riesigen, hell-violetten Blütenbälle des Sternkugel-Lauchs schon in den Startlöchern, um im Juni ihre volle Pracht zu entfalten. Ein außerge-wöhnlicher, spannungsvoller Kontrast und eine willkommene farbliche Ergänzung zur Irisblüte. Selbst im abgeblühten, ver-trockneten Zustand bilden die filigranen, kugelförmigen Fruchtstände ein dekorati-ves Element im Beet.

SOMMER: Die straff aufrechten Blüten-kerzen des Steppen-Salbeis 'Ostfriesland' tanzen im Juni in leuchtendem Blauviolett um die gelben Blütenquirle des Brandkrau-tes, die etagenförmig an den hohen, straff aufrechten Stielen platziert sind. Über den silbrig grauen Blattkissen des Lavendels 'Munstead' schweben die sehr früh im Juni erscheinenden Blütenähren in zartem Lila dicht an dicht und begleiten uns bis in den August hinein. Der Dalmatinische Gewürz-Salbei 'Major' ist mit seinen violetten Lip-penblüten auch fürs Auge ein Genuss. Der Kaukasus-Storchschnabel 'Philippe Vapelle' im Beetvordergrund schmückt sich mit violetten, rot gezeichneten Blüten, die über dem graugrünen, stets attraktiven Laub

besonders gut zur Wirkung kommen. Eine schöne Ergänzung im Hintergrund bildet der Woll-Ziest mit silbrig behaartem Laub und Lippenblüten in leuchtendem Pink. Wahre Eyecatcher im Beet sind die beiden Palmlilien, die ihre imposanten, mit un-zähligen weißen Glockenblüten bestückten Blütenstände aus dem schwertförmigen, grauen Laub emporschieben.

Im Hochsommer entfalten auch die Gräser ihre ganze Pracht. Über dem dunkelgrünen, feinblättrigen Horst des Büschel-Haargrases erheben sich filigrane Blütenrispen, an denen haarfeine Grannen sitzen, die sich im Wind anmutig bewegen. Zwischen den zarten Blütenähren des Re-genbogen-Schwingels, die sich im Sommer in vielfältigen changierenden Braun- und Kupfertönen über die wintergrünen, ku-gelförmigen Blatthorste erheben, leuchten ab Juli die tiefvioletten Blüten des Blumen-Dostes 'Herrenhausen' in spannungsvollem Kontrast. Die purpurfarbenen Dolden des Kugel-Lauchs wandern durchs Beet und bil-den spannungsreiche Formenkontraste zu den schlanken Blütenkerzen des Steppen-Salbeis und dem filigranen Laub der Gräser.

◄ **Die Hohe Fetthenne** trotzt standhaft Feuchtigkeit und Frost. Mit ihren dekorativen, rotbraunen Stängeln und Samenständen belebt sie das Beet auch im Winter.

▲ **Woll-Ziest** ist auf trockenen, sonnigen Beeten ein dankbarer Bodendecker, der mit seinen graugrünen, wolligen Blättern und den winzigen rosavioletten Blüten einen gewissen, altmodischen Charme verbreitet.

► **Sternkugel-Lauch** und **Schwert-lilie** sind auch nach der Blüte ein überaus hübsches Paar im Beet.

Pflanzrezept

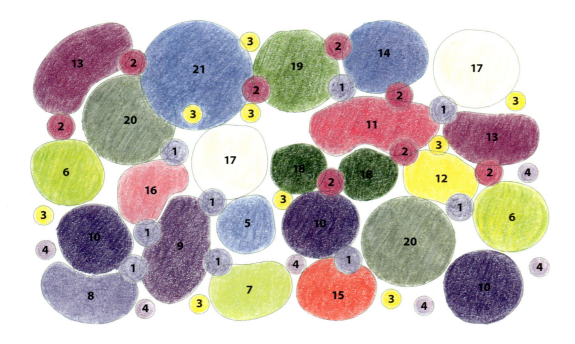

▶ **Eine passende Ergänzung** wären die karminroten Blüten-rispen der Spornblume 'Cocci-neus', die den ganzen Sommer über das Beet beleben.

▼ **Die Walzen-Wolfsmilch** bietet auch im Winter mit ihren graublättrigen, walzenförmigen Stängeln einen schönen Anblick. Im Mai schmückt sie sich mit grüngelben Blüten.

Nr.	Pfl.*	Ges.**	Botanischer Name	Deutscher Name	Blüte / Monat	Höhe / cm
Zwiebelpflanzen						
1	1	9	Allium christophii	Sternkugel-Lauch	VI–VII	50
2	5	40	Allium sphaerocephalon	Kugel-Lauch	VII	80
3	10	90	Crocus korolkowii 'Kiss of Spring'	Botanischer Krokus	II–III	8
4	10	60	Crocus speciosus 'Aitchisonii'	Herbst-Krokus	XI–XII	15
Stauden						
5	1	1	Eryngium planum 'Blauer Zwerg'	Edeldistel	VI–IX	30–70
6	1	2	Euphorbia characias ssp. wulfenii	Palisaden-Wolfsmilch	V–VIII	80
7	2	2	Euphorbia myrsinites	Walzen-Wolfsmilch	V–VI	20
8	2	2	Geranium renardii 'Philippe Vapelle'	Kaukasus-Storchschnabel	VI–VII	40
9	3	3	Iris barbata-elatior 'Lovely Again'	Hohe Bart-Iris	V–VI+IX	90
10	1	3	Lavandula angustifolia 'Munstead'	Lavendel	VI–VIII	40
11	3	3	Origanum-Laevigatum-Hybride 'Herrenhausen'	Blumen-Dost	VII–IX	50
12	1	1	Phlomis russeliana	Brandkraut	VI–VII	30–100
13	2	4	Salvia nemorosa 'Ostfriesland'	Steppen-Salbei	VI+IX	50
14	1	1	Salvia officinalis 'Major'	Dalmatinischer Gewürz-Salbei	VII–VIII	50
15	1	1	Sedum-Telephium-Hybride 'Indian Chief'	Hohe Fetthenne	VIII–X	40–50
16	1	1	Stachys byzantina	Woll-Ziest	VI–VII	15–40
17	1	2	Yucca filamentosa 'Schneefichte'	Palmlilie	VII–VIII	60–120
Gräser						
18	1	2	Festuca amethystina	Regenbogen-Schwingel	VI–VII	45
19	1	1	Stipa capillata	Büschel-Haargras	VII–VIII	30–80
Gehölze						
20	1	2	Juniperus scopulorum 'Blue Arrow'	Raketen-Wacholder		300
21	1	1	Perovskia atriplicifolia 'Blue Spire'	Blauraute	VIII–IX	130

*Anzahl der Pflanzen pro Pflanzstelle ** Gesamt-Anzahl der für das Beet benötigten Pflanzen

HERBST: Die Blauraute entfaltet erst im Spätsommer ihre volle Pracht. Mit ihrem duftenden, filigranen Laub und den zarten Blütenrispen in intensivem Stahlblau ist sie die ideale Ergänzung zu den klar konturierten Gestalten von Palmlilie und Säulen-Wacholder. Der Steppen-Salbei erfreut uns zum Ausklang des Sommers mit einer zweiten Blüte und die Hohe Fetthenne 'Indian Chief' besticht mit kräftigen Blütendolden in warmen Terrakottatönen. Dazu tragen in schillernden Kupfer- und Gelbtönen verfärbte Gräser herbstliche Stimmung ins Beet.

Im Spätherbst zaubert der Herbst-Krokus 'Aitchisonii' mit hellvioletten Blütenkelchen, die in kleinen Gruppen über das Beet verteilt sind, noch einmal frische Farbtupfer aufs Beet.

WINTER: Die schlanken Silhouetten der Säulen-Wacholder bilden zusammen mit den immergrünen Blatthorsten der Palmlilien und den kissenförmigen Lavendelbüschen im Winter das Grundgerüst des Beetes. Auch die Palisaden-Wolfsmilch macht mit graugrünem Laub im Winter eine gute

Figur. Der auch im Winter dekorative Dalmatinische Gewürz-Salbei lockt uns in den Garten, um einige frische Blätter für die mediterrane Küche zu ernten. Das Brandkraut bildet mit seinem attraktiven Laub und den ausdrucksstarken, standfesten Fruchtständen einen reizvollen Anblick. Auch die vertrockneten Blütendolden der Hohen Fetthenne bleiben den ganzen Winter über standhaft und wirken vom Frost zart ummantelt oder mit einer Mütze aus glitzerndem Schnee besonders attraktiv. Im Beetvordergrund sorgen Walzen-Wolfsmilch und Kaukasus-Storchschnabel für winterliches Blattgrün.

Pflege rund ums Jahr

FRÜHLING: Damit Salbei und Lavendel eine kompakte Wuchsform behalten, sollten sie im Frühjahr bis kurz über die untersten, grünen Triebe zurückgeschnitten werden. Die Blauraute komplett bis zum Boden zurückschneiden. Die Palisaden-Wolfsmilch bei Bedarf ausputzen und lichten (ältere Triebe über dem Boden abschneiden). Zu lange oder unansehnliche Triebe der Walzen-Wolfsmilch nach der Blüte zurückschneiden. Abgestorbene Pflanzenteile der nicht wintergrünen Stauden (Blumen-Dost, Steppen-Salbei) vom Beet entfernen. Bei den Gräsern werden vor Beginn des Neuaustriebes vertrocknetes Laub und Samenstände des Vorjahres komplett abgeschnitten. Die Blatthorste der Palmlilien ausputzen.

SOMMER: Verblühte Blütenstände der Palmlilie am Grund abschneiden. Den Steppen-Salbei nach der ersten Blüte bis zum Boden zurückschneiden, um eine zweite Blüte anzuregen. Abgeblühte Blütenstände des Lavendels und des Woll-Ziests kurz über dem Laub abschneiden. Verblühte Blütenstände der Bart-Iris ebenfalls sofort entfernen. Den Salbei nach der Blüte leicht in Form schneiden.

HERBST: Sollten sich Woll-Ziest und Brandkraut zu stark ausbreiten, können sie durch Abstechen mit dem Spaten in Schach gehalten werden.

Dekoration

Zu keiner anderen Jahreszeit bereitet das Dekorieren mehr Freude als in der Adventszeit. Auch unser grünes Wohnzimmer draußen kann mit wenigen Handgriffen vorweihnachtlich geschmückt werden. Kleine Gartentische oder robuste Holzbänke und Stühle, die im Winter draußen bleiben können, lassen sich mit weihnachtlichen Accessoires wie frostfesten Weihnachtskugeln, Engeln und Sternen aus Metall, Holz oder Stein stimmungsvoll dekorieren. Die Natur hält mit Tannenzapfen, Mistelzweigen, Efeublättern, Zweigen von wintergrünen Gehölzen wie Kiefer oder Stechpalme einiges an Material für den weihnachtlichen Schmuck bereit.

Zuckerhut-Fichten oder kegelförmig geschnittene Eiben in Kübeln werden jetzt zu formalen Weihnachtsbäumen umfunktioniert. Mit zierlichen Lichterketten Tannenzapfen und funkelnden Kugeln geschmückt, versetzen sie uns in vorweihnachtliche Stimmung. Platzieren Sie die Objekte am besten so, dass sie in den Hauptsichtachsen vom Haus in den Garten hinein, also im Blickwinkel von Fenstern und Terrassentüren, liegen.

▼ **Setzt man Formgehölze** in ausreichend große Kübel, können sie im Lauf der Jahreszeiten mit blühenden Pflanzen immer wieder neu umpflanzt werden. Im Frühling sind es vielleicht Stiefmütterchen oder vorgezogene Primeln, Narzissen und Hyazinthen, im Sommer steht eine riesige Palette einjähriger Sommerblumen zur Auswahl. Auch der Herbst bietet vielfältige Dekorationsmöglichkeiten. Lassen Sie Ihre Fantasie spielen! In diesem Kübel wurde der Buchs mit Teppichbeere und Christrose winterlich umpflanzt.

◄ **Eine dicke Schneedecke** hat sich wie ein weiches Kissen auf den Gartenstuhl gelegt und die weihnachtliche Dekoration auf dem Tischchen daneben fast ganz versteckt. Die Vögel freuen sich jetzt besonders über das schmucke Fachwerkhaus, in dem sie sich jederzeit ihre Verpflegung für den Winter abholen können.

▲ **Die glänzende, rote Weihnachtskugel** bringt vor dem mit Hagebutten geschmückten Strauß aus Kiefernzweigen etwas Farbe in diesen Wintertag und weckt die Vorfreude auf Weihnachten. Sobald es dunkler wird, kann die von Kastanien und Nüssen umgebene Kerze in der Metalllaterne angezündet werden. Wovon der kleine Weihnachtsengel wohl gerade träumen mag?

◄ **Der Zier-Kohl** ist ein winterlicher Gartenschmuck, der auch in Kombination mit wintergrünen Stauden und Gräsern ein farbenfroher Eyecatcher in Kübeln oder auf Beeten am Hauseingang und der Terrasse ist. Besonders attraktive Winterbilder ergeben sich nach einer frostigen Nacht, wenn die gerüschten Blätter mit einer Hülle aus Raureif überzogen sind.

Gesellschaft der Staudenfreunde e.V.
Geschäftsstelle, Evi Roth
Neubergstraße 11, 77955 Ettenheim
Tel.: (0 78 22) 86 18 34, Fax: (0 78 22) 86 18 33
www.gds-staudenfreunde.de

BÄUME UND STRÄUCHER

Schob Baumschule
Lößnitzer Str. 82
08141 Reinsdorf b. Zwickau
Tel.: (03 75) 29 54 84
Fax: (03 75) 29 34 57
E-Mail: info@schob.de
www.schob.de

H. Lorberg Baumschulerzeugnisse GmbH & Co.KG
Zachower Str. 4
14669 Ketzin OT Tremmem
Tel.: (03 32 33) 84 - 0
Fax: (03 32 33) 84 - 100
E-Mail: lorberg@lorberg.com
www.lorberg.com

Pflanzenhandel Lorenz von Ehren GmbH & Co. KG
Maldfeldstraße 4
21077 Hamburg
Tel.: (0 40) 7 61 08 - 0
Fax: (0 40) 7 61 08 - 1 00
E-Mail: lve@lve.de
www.lve.de

Baumschule H. Hachmann
Brunnenstr. 68
25355 Barmstedt
Tel: (0 41 23) 20 - 55, - 56
Fax: (0 41 23) 66 26
E-Mail: info@hachmann.de
www.hachmann.de

Pflanzmich.de Baumschulen
Burstah 13
25474 Ellerbek
Tel.: (0 41 01) 37 80 - 0
Fax: (0 41 01) 37 80 - 20
E-Mail: service@pflanzmich.de
www.pflanzmich.de

Kordes Jungpflanzen Handels GmbH
Mühlenweg 8
25485 Bilsen
Tel.: (0 41 06) 40 11
Fax: (0 41 06) 40 13
E-Mail: info@koju.de
www.koju.de

Baumschule Eggert
Baumschulenweg 2
25594 Vaale
Tel.: (0 48 27) 93 26 27
Fax: (0 48 27) 93 26 28
E-Mail: verkauf@
eggert-baumschulen.de
www.eggert-baumschulen.de

Baumschule Böhlje
Oldenburger Str. 9
26655 Westerstede
Tel.: (0 44 88) 99 86-0
E-Mail: info@boehlje.de
www.boehlje.de

Bioland Baumschule & Obstgarten
Dr. Ute Hoffmann
Uepser Heide 1
27330 Asendorf
Tel.: (0 42 53) 80 06 22
Fax: (0 42 53) 80 06 20
E-Mail: ute.hoffmann@
hoffmann-obstbaumschule.de

Baumschule Bruno Wenk
Dickenrück
36199 Rotenburg a. d. Fulda
Tel.: (0 66 23) 22 14
Fax: (0 66 23) 58 04
E-Mail: info@baumschule-wenk.de
www.baumschule-wenk.de

Artländer Pflanzenhof Frank Müller
Im Zwischenmersch /
Baumschulenweg
49610 Quakenbrück
Tel.: (0 54 31) 24 58
Fax: (0 54 31) 90 43 53
E-Mail: info@pflanzenhof-online.de
www.pflanzenhof-online.de

Ahornblatt GmbH
Postfach 1125
55001 Mainz
Tel.: (0 61 31) 7 23 54
Fax: (0 61 31) 36 49 67
E-Mail: Nachricht@
Ahornblatt-Garten.de
www.ahornblatt-garten.de

Ganter OHG Qualitätsbaumschule
Baumweg 2
79369 Wyhl
Tel.: (0 76 42) 10 61
Fax: (0 76 42) 26 85
E-Mail: info@ganter-baden.de
www.ganter-baden.de

Baumgartner Baumschule
Hauptstr. 2
84378 Nöham bei Pfarrkirchen
Tel.: (0 87 26) 2 05
Fax: (0 87 26) 13 90
E-Mail: baumgartner@
baumgartner-baumschulen.de
www.baumgartner-baumschulen.de

PlantenTuin Esveld
Rijneveld 72
NL-2771 XS Boskoop
Niederlande
Tel.: (0031 172) 21 32 89
Fax: (0031 172) 21 57 14
E-Mail: info@esveld.nl
www.esveld.nl/duits.htm

ROSEN

Rosen Jensen-Lützow GmbH
Am Schlosspark 2b
24960 Glücksburg
Tel.: (0 46 31) 6 01 00
Fax: (0 46 31) 20 80
E-Mail: info@rosen-jensen.de
www.rosen-jensen.de

BKN Strobel
über Rosarot Pflanzenversand
Gerd Hartung
Besenbek 4 B
25335 Raa-Besenbek
Tel.: (0 41 21) 42 38 84
E-Mail: shop@rosenversand24.de
www.rosenversand24.de

W. Kordes' Söhne Rosenschulen GmbH & Co.KG
Rosenstraße 54
25365 Klein Offenseth-Sparrieshoop
Tel.: (0 41 21) 4 87 00
Fax: (0 41 21) 8 47 45
E-Mail: info@kordes-rosen.com
www.kordes-rosen.com
www.gartenrosen.de

Rosen Tantau Vertrieb GmbH & Co.KG
Tornescher Weg 13
25436 Uetersen
Tel.: (0 41 22) 70 84
Fax: (0 41 22) 70 87
E-Mail: verkauf@rosen-tantau.com
www.rosen-tantau.com

Noack Rosen
Baum- und Rosenschulen
Inh. Reinhard Noack
Im Fenne 54
33334 Gütersloh
Tel.: (0 52 41) 2 01 87
Fax: (0 52 41) 1 40 85
E-Mail: info@noack-rosen.de
www.noack-rosen.de

STAUDEN

Rosenhof Schultheis
Bad Nauheimer Str. 3–7
61231 Bad Nauheim-Steinfurth
Tel.: (0 60 32) 9 25 28 0
Fax: (0 60 32) 9 25 28 23
E-Mail: infos@
rosenhof-schultheis.de
www.rosenhof-schultheis.de

Rosen-Union eG.
Steinfurther Hauptstr. 27
61231 Bad Nauheim-Steinfurth
Tel.: (0 60 32) 9 65 30
Fax: (0 60 32) 96 53 19
E-Mail: info@rosen-union.de
www.rosen-union.de

Lacon GmbH
J.-S.-Piazolo Straße 4 a
68766 Hockenheim
Tel.: (0 62 05) 40 01
Fax: (0 62 05) 1 85 74
E-Mail: info@lacon-rosen.de
www.lacon-rosen.de

Großbritannien
David Austin Roses Ltd
Bowling Green Lane
Albrighton
GB-Wolverhampton WV7 3 HB
Tel.: +44 (0) 19 02 37 63 34
Fax: +44 (0) 19 02 37 51 77
Kundenservice: 00800 77 77 67 37
E-Mail: deutsch@
davidaustinroses.com,
plant-centre@davidaustinroses.com
www.davidaustinroses.com

Kräuter- und Staudengärtnerei Mann
Schönbacherstr. 25
02708 Lawalde
Tel.: (0 35 85) 40 37 38
Fax: (0 35 85) 41 65 59
E-Mail: info@pflanzenreich.com
www.staudenmann.de
www.pflanzenreich.com

Alpine Staudengärtnerei Siegfried Geißler
OT Gorschmitz Nr. 14
04703 Leisnig/Sachsen
Tel.:/Fax: (03 43 21) 1 46 23
E-Mail: info@alpiner-garten.de
www.alpinergarten.de

Staudengärtnerei Alpine Raritäten
Jürgen Peters
Auf dem Flidd 20
25436 Uetersen
Tel.: (0 41 22) 33 12
Fax: (0 41 22) 4 86 39
E-Mail: alpine.peters@t-online.de
www.alpine-peters.de

Staudengärtnerei Ernst Pagels
Deichstraße 4
26789 Leer
Tel.: (04 91) 32 18
Fax: (04 91) 6 25 16
E-Mail: pagels-leer@t-online.de

Staudengärtnerei Klose
Rosenstr. 10
34253 Lohfelden/Kassel
Tel.: (05 61) 51 55 55
Fax: (05 61) 51 51 20
E-Mail: info@
staudengaertner-klose.de
www.staudengaertner-klose.de

Stauden & Gartenkultur Arends Maubach
Monschaustr. 76
42369 Wuppertal-Ronsdorf
Tel.: (02 02) 46 46 10
Fax: (02 02) 46 49 57
E-Mail: stauden@
arends-maubach.de
www.arends-maubach.de

Kayser & Seibert
Wilhelm-Leuschner-Str. 85
64380 Rossdorf
Tel.: (0 61 54) 90 68
Fax: (0 61 54) 8 20 69
E-Mail: info@kayserundseibert.de
www.kayserundseibert.de

Staudengärtnerei Gräfin von Zeppelin
Weinstr. 2
79295 Sulzburg-Laufen
Tel.: (0 76 34) 6 97 16
Fax: (0 76 34) 65 99
E-Mail: info@
graefin-von-zeppelin.de
www.graefin-v-zeppelin.com

Staudengärtnerei Gaissmayer
Jungviehweide 3
89257 Illertissen
Tel.: (0 73 03) 72 58
Fax: (0 73 03) 4 21 81
E-Mail: info@staudengaissmayer.de
www.staudengaissmayer.de

Staudengärtnerei Sarastro
Inh. Christian Kress
A-4974 Ort im Innkreis 131
Österreich
Tel.: (0043 7751) 84 24
Fax: (0043 7751) 84 24-3
E-Mail: office@
sarastro-stauden.com
www.sarastro-stauden.com

ZWIEBELBLUMEN

Albert Treppens & Co Samen GmbH
Berliner Str. 84–88
14169 Berlin-Zehlendorf
Tel.: (0 30) 8 11 33 36
Fax: (0 30) 8 11 43 04
E-Mail: info@treppens.de
www.treppens.de

Küpper Blumenzwiebeln & Saaten GmbH
Postfach 1468
37254 Eschwege
Tel.: (0 56 51) 80 00 50
Fax: (0 56 51) 80 05 55
E-Mail: gerlinde.kuepper@
kuepper-bulbs.de
www.kuepper-bulbs.de

Horst Gewiehs GmbH
Italienischer Weg 1
37287 Wehretal
Tel.: (0 56 51) 33 62 49
Fax: (0 56 51) 33 62 50
E-Mail: info@
gewiehs-blumenzwiebeln.de
www.gewiehs-blumenzwiebeln.de

Zwiebelgarten Reinhold Krämer
Waldstetter Gasse 4
73525 Schwäbisch Gmünd
Tel.: (0 71 71) 92 87 12
Fax: (0 71 71) 92 87 14
E-Mail: kuechengarten.kraemer@
t-online.de
www.zwiebelgarten.de

Blumenzwiebelversand Bernd Schober
Stätzlinger Str. 94 A
86165 Augsburg
Tel.: (08 21) 72 98 95 00
Fax: (08 21) 72 98 95 01
E-Mail: bschober@
der-blumenzwiebelversand.de
www.der-blumenzwiebelversand.de

Register

Christine Breier hat an der Universität Hannover Landschafts- und Freiraumplanung studiert. Ihr Büro Monarda Gartendesign ist auf die Gestaltung privater Gärten und anspruchsvolle Pflanzenverwendung spezialisiert. Enthusiasmus, Sensibilität sowie die Bereitschaft, stets nach ausgefallenen Lösungen zu suchen, sind ihr Potenzial beim Entwurf schöner Gärten. Durch ihre Arbeit als Gartenberaterin ist sie mit den Problemen und Wünschen von Gartenbesitzern bestens vertraut.

Dank der Autorin

Ein Gartenbuch lebt von stimmungsvollen Fotos, die inspirieren und den Text vor den Augen des Lesers lebendig werden lassen. Neben dem Können und der künstlerischen Intuition des Fotografen bilden die Motive die wichtigste Grundlage für schöne Gartenfotos.

Einen Garten oder einzelne Beete im Wandel der Jahreszeiten mit der Kamera zu porträtieren, ist eine ganz besondere und spannende Aufgabe. Viele Gartenbesuche sind nötig, oft auch zu ungewöhnlicher Stunde, am frühen Morgen oder am späten Abend, um die Gartenszenen ins rechte Licht zu rücken. Mein besonderer Dank gilt daher den Gartenbesitzern aus dem Schaumburger Land und darüber hinaus, die ihre persönlichen Gartenparadiese für mich über ein Jahr lang jederzeit bereitwillig geöffnet haben.

Bildnachweis

Mit 230 Farbfotos von:
Alle Fotos von Christine Breier, Bückeburg, mit Ausnahme von:
Reinhard-Tierfoto/Hans Reinhard, Heiligkreuzsteinach-Eiterbach: 44, 94 re, 103 Mi;
Friedrich Strauß, Au: 78, 102/103, 103 o.
Mit 16 Farbzeichnungen von:
Christine Breier, Bückeburg: 52, 56, 82, 86, 106, 110, 130, 134;
Claudia Dedden (nach Vorlage von Christine Breier), Leverkusen: 50, 54, 80, 84, 104, 108, 128, 132.

Umschlaggestaltung von Daniela Petrini unter Verwendung eines Farbfotos von Botanikfoto/Steffen Hauser (Umschlagvorderseite) und 4 Farbfotos von Christine Breier, Bückeburg (Umschlagrückseite). Die Fotos zeigen (von oben nach unten): Nachtviole mit Tulpen, Vergissmeinnicht und Brandkraut; Rote Sterndolde; Purpur-Sonnenhut 'Alba'; Zier-Kohl)

Mit 230 Farbfotos und 16 Farbzeichnungen

Alle Angaben in diesem Buch sind sorgfältig geprüft und geben den neuesten Wissensstand bei der Veröffentlichung wieder. Da sich das Wissen aber laufend in rascher Folge weiterentwickelt und vergrößert, muss jeder Anwender prüfen, ob die Angaben nicht durch neuere Erkenntnisse überholt sind. Dazu muss er zum Beispiel Beipackzettel zu Dünge-, Pflanzenschutz- bzw. Pflanzenpflegemitteln lesen und genau befolgen sowie Gebrauchsanweisungen und Gesetze beachten.

Die Blütenfarben sind sortenabhängig, daher können auch Farben auf dem Markt sein, die im Buch nicht genannt werden. Die Blütezeiten sind ebenfalls sortenabhängig, aber auch klima- und standortabhängig. Die angegebenen Wuchshöhen und -breiten der Pflanzen sind Mittelwerte. Sie können je nach Nährstoffgehalt des Bodens variieren. Verschiedene Sorten können deutlich größer oder auch kleiner wachsen als die Art.

Unser gesamtes lieferbares Programm und viele weitere Informationen zu unseren Büchern, Spielen, Experimentierkästen, DVDs, Autoren und Aktivitäten finden Sie unter **www.kosmos.de**

© 2010, Franckh-Kosmos Verlags-GmbH & Co. KG, Stuttgart.
Alle Rechte vorbehalten
ISBN 978-3-440-11907-5
Redaktion: Carolin Küßner
Gestaltung und Satz: Daniela Petrini
Produktion: Jürgen Bischoff
Printed in Italy / Imprimé en Italie

KOSMOS.
Ihr Weg zum Gartenparadies.

David Austin | Die Rose
352 S., ca. 450 Abb., €/D 49,90
ISBN 978-3-440-11283-0

Das Kosmos Garten Praxisbuch
256 S., 800 Abb., €/D 19,95
ISBN 978-3-440-11262-5

Romantik pur

Historische Rosen, Bourbon-Rosen, Centifolien, Polyanthas und Floribundas – Namen, die das Herz eines jeden Rosenfreundes höher schlagen lassen. Und natürlich die berühmten Englischen Rosen von David Austin. Sie werden mit ihrer Geschichte, in ausführlichen Porträts und wunderbaren Bildern vorgestellt. Ein Augen- und Leseschmaus für Rosenliebhaber.

Alles, was man wissen muss

Ob Rasen, Obst und Gemüse, Gartenteiche oder Rosen – das Kosmos Garten Praxisbuch beantwortet alle Fragen zu den Themen Gartengestaltung und Gartenpraxis. Mit über 400 schönen und empfehlenswerten Pflanzen im Porträt. Extra: Über 50 Klima-Tipps, die zeigen, wie Sie den Garten vor Hitze und Trockenheit, Regenschauer und Sturm schützen können, ohne sich in Ihrem Gartenparadies einzuschränken.

www.kosmos.de/garten